하루10분
마케팅
습관

초보에서 최고의
마케터가 되는

하루10분
마케팅
습관

흑상어쌤 지음

다반

바쁜데 마케팅은 배우고 싶은
사람들을 위하여

◇◇◇◇◇◇◇◇◇◇◇◇◇◇◇◇◇◇◇◇◇◇◇◇◇

마케팅에 대해 고민하고 있었는데 적절한 시점에 흑상어쌤을 알게 된 게 저에게 정말 큰 행운입니다. 유튜브, 인스타그램 등 많이 참고하고 앞으로도 많은 인사이트 도움 구하겠습니다!!!

지난 8월에 출간한 『마케팅 모르고 절대 사업하지 않습니다』를 읽은 독자분들에게 정말 감사한 피드백을 많이 받았습니다. 마케팅에 대해 전혀 모르고 있었는데 책을 읽고 관심이 생겼다는 분도 있었고 광고, 마케팅 분야 전문가들이 초심자에게 추천하는 후기도 있었습니다.

책 출간 후에는 제게 마케팅에 대한 고민이나 궁금한 점을 문는 문의들이 있었습니다. 예를 들면 마케팅을 배우고 싶은데 무엇부터 해야 할지, 마케팅 책은 어떤 책을 읽어야 하는지와 같은 문의들이었습니다. 그 문의들에 답변하다 보니 마케팅에 대한 필요성은 분명하게 느끼고 있고 실력 향상을 위한 여러 가지 시도를 했는데 생각처럼 잘 되지 않은 사람이 많다는 것을 알게 되었습니다.

그래서 마케팅의 기본적인 지식뿐만 아니라 실행을 위한 동기부여와 방향에 대해 도움을 드려야겠다고 생각했습니다. 『마케팅 모르고 절대 사업하지 않습니다』가 마케팅 지식과 경험이 부족한 사람을 위한 마케팅 가이드라고 한다면, 이 책은 마케팅의 실행과 실력 향상을 돕기 위한 마케팅 자기계발서라고 할 수 있습니다. 이 책은 마케팅을 어렵게 생각하는 사람, 시작의 방법을 몰라서 고민하는 사람, 마케팅 문제 해결 방법을 찾는 사람을 위한 책입니다.

마케팅 지식과 경험을 나누기 위해 수백 권 이상의 심리학, 마케팅, 브랜딩 책을 읽었습니다. 그리고 책에서 찾은 인사이트와 제 경험을 홈페이지, 인스타그램, 블로그, 유튜브 등에 공유하고 있습니다. 마케팅 콘텐츠를 공유하고 여러 사람과 대화하는 과정에서 마케팅이 답답하거나 어렵다고 생각하는 경우의 공통점이 있다는 것을 발견하였습니다.

마케팅이 답답하고 어려운 이유는 세 가지를 모르기 때문입니다.

첫째, 사람(잠재 고객)을 모른다.

둘째, 필요한 지식(기본 개념, 기본 지식)을 모른다.

셋째, 실행 방법(가설과 검증 방법)을 모른다.

마케팅 고민 해결과 실력 향상을 위해서는 사람에 대한 이해와 마케팅 기본 지식과 개념에 대한 이해 그리고 배움을 통해 생긴 아이디어의 가설과 검증을 진행해야 합니다. 저는 이 과정을 마케팅 레벨업 3단계라고 합니다.

1단계 : 사람 이해

왜 똑똑한 사람도 멍청한 행동을 하는지를 알고 마케팅 방향과 방법을 찾습니다. 마케팅은 사람을 대상으로 합니다. 누구를 대상으로 하는지 모르면서 제대로 된 마케팅 방향을 찾을 수 없습니다.

2단계 : 개념 이해

아는 것이 있어야 아이디어가 생깁니다. 마케팅의 기본 개념에 대한 이해와 실행을 위해 필요한 기본 지식은 필수입니다.

3단계 : 가설 검증

마케팅에는 한 가지 정답은 없습니다. 배운 것을 검증하고 개선하여 나만의 인사이트를 쌓아야 합니다. 제품을 개발하고 잠재 고객을 모으고 시장을 개척하고 매출을 높이는 마케팅은 실행을 위해 배우는 것입니다. 실행 없는 마케팅은 아무 의미도 없습니다.

이 책의 전반부에서는 무엇 때문에 마케팅이 어렵거나 문제 가 있는 것인지를 스스로 진단해 볼 수 있는 방법과 어떻게 해야 마케팅 문제 해결과 실력 향상을 할 수 있는지를 마케팅 레벨업 3 단계와 함께 이야기합니다.

제가 항상 강조하는 이야기입니다만 마케팅은 실행을 위해 배워야 한다는 것입니다. 극단적으로 말해서 실행하지 않는 마케 팅 지식은 죽은 지식이나 마찬가지입니다. 책을 읽고 강의를 수강 해도 문제 해결과 실력 향상이 어려운 이유가 바로 배운 것을 실 행해서 자신의 것으로 만들지 못했기 때문입니다. 그리고 실행은 의지와 열정과 같은 감정으로는 오래갈 수 없습니다. 감정이 식는 순간 실행의 강도와 속도도 줄어들게 마련입니다. 무엇인가를 처 음 시작할 때 감정은 최초의 연료가 될 수는 있습니다만 지속을 위해서는 감정의 변화와 관계없이도 움직일 수 있는 습관이 몸에 배야 합니다. 바꿔 말하면 자신만의 시스템이 필요하다고 할 수 있습니다.

이 책의 후반부에서는 마케팅을 스스로 배우는 방법과 그것 을 습관으로 만드는 방법에 관해서 이야기합니다. 요컨대 전반부 에서 현재 마케팅의 고민과 문제를 진단하고 문제 해결과 실력 향상을 위한 마케팅 레벨업 3단계에 대해서 이해합니다. 후반부에서는 마케팅을 배우는 방법을 배우고 그것을 습관으로 만들어 지속하는 방법과 함께 단계별, 방향별 실제 프로그램을 제시합니다.

마케팅을 배우고 싶은데 무엇부터 시작해야 할지 고민이라면 이 책을 읽고 그 해답의 힌트를 발견하시길 바랍니다. 이 책을 통해서 마케팅에 대한 관점과 생각을 좀 더 다양하고 넓게 만들 수 있을 것입니다. 무엇보다도 이 책을 통해서 마케팅의 답답함과 고민을 해결하고 배운 것을 직접 실행에 옮기는 좋은 기회가 되기를 바랍니다.

겨울의 문턱에서
마케팅코디 흑상어쌤

차례

PART 5

실행을 위한 마케팅 습관 만들기
마케팅 책을 읽고 배운 것을 실행하기

PART 6

하루 10분 마케팅 습관과 레벨업 플랜
실전! 마케팅 습관 만들기 계획과 실행 방법

DAILY MARKETING

PART 1

마케팅
초보를 위한
자가 진단

문제 해결의 시작은
문제가 있다는 것을 인지하는 것

TOP NEWS

OI

마케팅
필요 없습니다

◇◇◇◇◇◇◇◇◇◇◇◇◇◇◇◇◇◇◇◇◇◇◇◇

우연히 유튜브에서 마케팅에 관해 이야기하는 영상을 보았습니다. 이 영상이 저의 주의를 끌었던 이유는 '마케팅 필요없다'는 주장의 근거가 되는 내용들이 전부 '마케팅'에 관한 내용이었기 때문입니다.

예를 들면 상품 외에 나머지 것들이 모두 충족되지 않으면 마케팅을 해도 의미가 없다든지, 고객에게 전달할 메시지와 전달 방법이 있는지가 중요하다든지, 내부 직원이나 고객 응대에 관련된 내용이라든지 마케팅 이전에 필요하다고 하는 것들이 사실은 모두 마케팅에 관한 이야기였습니다.

영상을 좀 더 보다 보니 '마케팅'을 주로 온라인에서 체험단을 하거나 플레이스 광고를 하거나, 인스타그램 게시물을 올리는 것 등으로 생각한다는 것을 알았습니다.

특히 마케팅이 비즈니스의 세팅 후에 비용을 써서 외부에 상품이나 서비스를 알리는 플러스 알파라고 생각하는 것을 알 수 있었습니다. 일반적인 의미의 광고, 마케팅, 홍보, 프로모션의 차이점을 구분 없이 혼용하고 있었습니다.

영상을 보고 한 가지 안타까웠던 점은 마케팅을 너무 좁은 의미로 해석하고 있다는 점이었습니다. 그리고 이 영상을 보고 도움이 되었다며 댓글을 다는 분들에게도 마케팅이 마치 체험단, 플레이스, 인스타그램을 하는 것 정도의 의미로 전달되지는 않을까 하는 답답한 마음이 들었습니다.

이 영상에 달린 여러 댓글 중 '지금 하는 이야기가 전부 마케팅 이야기라는' 딱 한 개의 댓글에 그나마 위안이 되었습니다.

이 영상 덕분에 마케팅을 노출이나 홍보 수단쯤이라고 생각하는 사람이 많다는 것을 다시금 알게 되었습니다. 그리고 성공한 자영업자분들이 쓴 책이나 강의에서도 마찬가지의 이야기를 하는 것도 알게 되었습니다. 바꿔 말하면 본인의 성공 요인 중 많은 부분이 마케팅에 포함되는 것들임에도 불구하고 마케팅이라는 것을 체험단, 인스타그램, 플레이스, 네이버 광고 등이라고만 생각하기 때문에 '마케팅 필요 없다'라는 식으로 이야기한다는 것입니다.

본인은 상품의 품질은 물론이고 마케팅도 잘해서 성공했는데 마케팅 필요 없다고 이야기하는 아이러니한 상황입니다. 전체 영상에서 전달하고 싶은 이야기의 의미와 취지는 저도 공감합니다. 내부적으로 스스로 먼저 제대로 준비가 되고 외부에 알리는 활동을 해야 한다는 것입니다. 준비도 되지 않았는데 체험단, 플레이스, 인스타그램 등을 한다고 해서 그것이 좋은 결과를 만들기 어렵다는 뜻입니다.

하지만 자영업을 하시는 분들에게 도움을 드리고자 하는 좋은 의미의 취지에도 불구하고 '마케팅'에 대한 의미는 좀 더 명확히 전달되었으면 하는 아쉬움은 여전히 남습니다.

혹시 지금 이 글을 읽고 있는 분 중에도 마케팅이 내 상품이나 서비스를 체험단이나 인스타그램을 이용해서 다른 사람에게 알리는 것 아니냐고 생각하는 분이 있을 수 있습니다.

마케팅의 정의에 대해서는 조금 뒤에서 다시 이야기하기로 하고 지금 여기서는 마케팅의 사전적 정의에 관해서만 소개해 드립니다.

마케팅의 사전적 정의
: 고객들과의 관계를 관리하고, 시장을 구축하는 기법을 연구하는 학문, 혹은 그런 직무, 상품 서비스 유통과 관련된 경영활동

사전적 정의만 보아도 마케팅은 상품, 고객 관리, 시장 구축, 유통 등 비즈니스의 시작과 끝까지 모든 분야에 걸친 활동입니다. 어디에도 인스타그램, 체험단 등으로 상품 또는 서비스를 홍보하는 것이라는 이야기는 나오지 않습니다.

누구라도 검색 포털에서 '마케팅' 세 글자를 검색해 보고 그것
이 무슨 뜻인지 조금이라도 고민해 본다면 마케팅 필요 없다는 이
야기는 하기 힘들 것입니다. 왜냐하면 마케팅이 필요 없는 것이 아
니라 지금 하는 모든 것이 마케팅이기 때문입니다.

그러니 마케팅 필요 없다는 이야기가 아니라 무엇이 마케팅
이고, 어떻게 해야 마케팅을 더 잘할 수 있는지를 이야기해야 합니
다. 그것이 상품 또는 서비스를 만들고 잠재 고객을 모으고 가치를
제공하고 고객과 오랜 관계를 만드는 방법이기 때문입니다.

마케팅 필요 있습니다. 그리고 마케팅 제대로 알고 해야 합니다.

Key Message

최소한 마케팅의 사전적 의미에 대해 이해하고 마케팅에서 내가
배워야 할 것이 무엇인지 생각해 보자.

02

마케팅이
어렵게 느껴지는 이유

○○○○○○○○○○○○○○○○○○○○○○○○○○○○○○

"혹시 안 넘어지고 자전거 잘 타는 방법을 아시나요?"

자전거를 처음 탈 때를 떠올려 봅니다. 페달을 한 번 밟기도 전에 좌우로 비틀거리며 넘어지기 일쑤였을 것입니다. 중심 잡기가 힘들어 함께 있던 누군가에게 잡아 달라고 했을 것입니다.

몇 번을 반복하다가 드디어 한 번 페달을 밟았는데 옆으로 '쿵' 하며 넘어졌을 것입니다. 무릎에 상처가 나기도 하고 온몸에 멍이 들기도 합니다.

맞습니다. 한 번도 넘어지지 않고 자전거 타는 방법은 없습니다. 그렇게 왼쪽으로 넘어지고 오른쪽으로 넘어지면서 자전거 타는 법을 배웁니다. 그렇게 반복하다 보면 어느새 더 이상 넘어지지 않고 뒤에서 잡아 주지 않아도 혼자서 자전거를 탈 수 있게 됩니다. 다시 말하면 넘어지는 것은 자전거를 잘 타기 위한 과정입니다.

한 번만 이 과정을 거치면 초등학생도 자전거를 잘 탈 수 있습니다. 하지만 이 배움의 과정 없이는 어느 사람도 자전거를 잘 탈 수 없습니다.

"혹시 넘어지지 않고 자전거 잘 타는 방법을 아시나요?"라는 질문을 마케팅으로 바꿔서 생각해 보겠습니다.

"혹시 배우거나 실행하지 않고 마케팅 잘하는 방법을 아시나요?"

당연히 그런 방법은 없습니다. 너무나 당연하게도 과정을 건너뛰고 결과로 바로 갈 수 없다는 것은 누구나 아는 상식입니다. 만약 지금 '마케팅'이 어렵다고 느껴진다면 그것을 잘하기 위한 과정을 거치지 않았기 때문입니다. 한마디로 '모르고 안 해봐서' 어렵게 느껴지는 것입니다.

마케팅을 배우는 과정에서의 지루함, 어려움, 답답함 또는 마케팅을 실행하는 과정에서 일어나는 실수, 실패, 손해 등을 먼저 걱정하기 때문에 가능하면 피하고 싶고 안 하고 싶은 것입니다.

물론 계속 마케팅을 배우고 실행하는데 생각처럼 결과가 잘 안 나와서 답답하고 어렵게 느껴지는 사람도 있습니다. 이 경우는 어떤 방법이 나에게 맞는 방법인지 몰라서 답답한 경우입니다.

마케팅을 배우는 것이 어렵게 느껴진다거나 지금 하는 마케팅이 답답하게 느껴진다면 문제의 원인을 먼저 찾고 개선하는 것이 필요합니다. 우리가 운동할 때 생각대로 잘 안 되면 가장 기본이 되는 자세부터 다시 점검하고 연습하는 것과 마찬가지입니다.

그리고 어느 경우이든지 마케팅이 어렵게 느껴진다면 그 어려움을 한 번은 넘을 수 있을 만큼의 과정이 필요합니다. 결국 필수로 겪어야 할 기본기 과정을 해결하지 않고서 마케팅을 잘하는 방법은 없습니다. 그리고 그 기본은 내 수준과 단계에 맞는 마케팅을 배우고 실행하는 것입니다.

내 수준과 단계에 맞는 마케팅을 배우고 실행하기 위해서는 내 수준을 먼저 이해해야 합니다. 예를 들면 내가 마케팅이 어렵고 답답하다고 느끼는 이유가 무엇을 모르기 때문인지를 스스로 점검해 보는 것입니다.

(1) 마케팅 용어를 모르기 때문인가?

자주 사용하는 마케팅 용어의 리스트를 만들어 하루 3~4개를 이해해 본다. 대화할 때 일부러 자신이 이해한 용어를 사용해 본다.

(2) 인스타그램, 블로그 등 소셜미디어 또는 마케팅 도구의 사용법을 모르기 때문인가?

마케팅 성과에 가장 큰 영향을 주는 것부터 유튜브 또는 강의나 책을 통해 배운다. 배운 것을 직접 실행해 본다. 실행 과정에서 배운 것을 기록하거나 다른 사람에게 설명해 본다.

(3) 마케팅이 무엇인지 나만의 정의를 모르기 때문인가?

사전적 정의가 아닌 나만의 마케팅 정의를 내리고 무엇을 해야 할지 결정한다. (이 책의 뒤에서 좀 더 설명합니다)

(4) 마케팅의 목적이나 목표를 명확히 모르기 때문인가?

마케팅을 통해 변화를 만들고 싶은 모습을 그려 보고 그것을 달성하기 위한 구체적인 단계와 수치를 설정한다.

(5) 광고와 마케팅에 투자할 예산이 없기 때문인가?

가용한 예산과 기간을 확인하고 가장 성과에 영향을 미치는 한 가지 마케팅 전술에 집중한다. 작은 성과 만들기를 반복하고 추가적인 예산 투자를 계획한다. 만약 가용 예산이 전혀 없다면 직접 마케팅을 배우고 실행할 시간을 확보한다.

(6) 어떤 마케팅 책이나 강의를 들어야 할지 모르기 때문인가?

베스트셀러가 아니라 현재 내가 고민하는 문제의 해결책을 주제로 한 책이나 강의를 찾아본다.

(7) 마케팅을 배울 시간이 없기 때문인가?

하루 중 30분~1시간 또는 10분 만이라도 마케팅에만 투자할 고정적 시간을 만든다.

(8) 다른 일에 집중하고 임직원 또는 대행사에 맡기면 된다고 생각하기 때문인가?

결정권자가 마케팅을 모르면서 마케팅 결정을 내리는 것은 돈 버는 일을 다른 사람에게 맡기고 그 사람의 능력치에 기대한다는 뜻과 다르지 않습니다. 마케팅은 중요해서 다른 사람에게 맡겨둘 수만 없다는 생각으로 전환해야 합니다.

(9) 아는 것은 많은데 단지 하지 않기 때문인가?

마케팅 지식이 아무리 많더라도 실행하지 않거나 할 줄 모른다면 아무 의미 없는 지식입니다. 마케팅은 실행을 위해 배우는 것입니다. 할 수 없는 것은 모르는 것입니다.

(10) 위 모든 것에 해당하지만 단지 시작하기가 힘들기 때문인가?

시작이 힘든 이유는 여러 가지가 있지만 결국은 그만큼 중요하다고 생각하지 않고 절실하지 않기 때문입니다. 시간적, 비용적으로 부담되지 않는 선에서 사소할 정도의 작은 목표를 세우고 딱 거기까지만 달성하기를 해봅니다. 작은 목표를 달성하는 것을 반복하는 것은 긍정적인 습관 만들기의 중요한 과정입니다. 작은 성과를 시작으로 마케팅 배우기에 투자하는 시간과 노력을 서서히 늘려 나갈 수 있습니다.

간단한 10가지 질문을 통해서 현재 내가 가장 먼저 해결해야 할 문제가 무엇인지 확인할 수 있고 내가 지금 마케팅을 어려워하거나 답답해하는 것이 무엇을 모르기 때문이라는 수준을 파악할 수 있습니다.

자신을 이해하는 질문을 해보면 일의 우선순위가 정리됩니다. 예를 들면 마케팅 개념, 전략과 전술 등과 같이 중요하지만 급하지 않은 것은 꾸준히 배워야 합니다. 그리고 인스타그램 활용법, 마케팅 글쓰기와 같이 중요하고 급한 것은 오늘부터라도 당장 배우고 직접 실행해야 합니다.

마케팅이 어렵게 느껴진다면 우선은 성과에 큰 영향을 미치는 마케팅 활동이 무엇이고 그 활동에 대해 내가 아는 것과 모르는 것이 무엇인지를 점검해 보기 바랍니다.

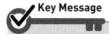
Key Message

내가 마케팅이 어렵거나 답답하다고 느끼는 이유를 명확히 생각해 보자. 그리고 그 해결 방법을 찾아보자.

03

배우고 싶다면서
격렬하게 아무것도 안 하는 이유

시간 관리와 일의 우선순위를 나누는 4가지 기준이 있습니다.

급하고 중요한 일, 급하고 중요하지 않은 일, 급하지 않고 중요한 일, 급하지 않고 중요하지 않은 일입니다.

일상에서 일의 순서를 얼마나 급한 일인가로 결정할 때가 있습니다. 그런데 가장 급한 일을 먼저 한 다음에는 어떤 순서로 일할까요?

가장 쉬운 일, 그다음 쉬운 일, 그다음 쉬운 일을 하게 됩니다.

그러다 보니 많은 일을 하긴 했는데 정작 나에게 뭔가 남은 것이 없는 것 같거나 계속 머릿속을 맴도는 중요한 일 때문에 불편한 마음이 남습니다. 결국 큰 성과를 만드는 일, 우리가 마음속으로 해야 한다, 하고 싶다고 생각하는 일의 대부분은 급하지 않지만 중요한 일입니다.

일정 시간이 지나서 큰 성장을 이루는 사람의 과정을 보면 매일 해야 할 일을 하면서도 자신이 중요하다고 생각하는 일을 위해 따로 시간과 돈을 투자해서 공부하고 실행에 옮깁니다.

그리고 누구나 그것을 모르고 있지 않습니다. 다만 하지 않고 있는 것이고 그래서 불편하고 조급하고 답답한 마음이 들기도 합니다.

지금 이야기하는 '마케팅 배우기'도 마찬가지입니다. 당장 매일 반복되는 일상의 일 중 중요하고 급한 일 그리고 하기 쉬운 일을 먼저 하느라 막상 내가 필요하다고 생각하고 갈증을 느끼는 배움에 대한 것은 뒤로 미루기 쉽습니다. 당장 급하거나 쉬운 일이 아니라고 생각되기 때문입니다.

대표님도 바쁩니다. 이사님도 부장님도 과장님도 모두 바쁩니다.

우리도 마케팅이 필요하고 잘해야 한다고 하는데 막상 가르쳐 주는 사람도 없고 배우는 사람도 없습니다. 오롯이 담당자 혼자의 몫이 될 때가 많습니다.

그리고 오직 기댈 곳은 영업제안서와 전화 연락이 오는 검증 안 된 대행사뿐입니다. 그러다 보니 내부적으로 마케팅에 대한 경험과 인사이트가 쌓이지 못하고 계속 외부의 능력에 따라 마케팅 결과가 좌우됩니다.

격렬하게 아무것도 안 하는 이유는 여러 가지가 있겠지만 그 중 한 가지는 '어떻게 시작해야 할지 방법을 몰라서'입니다. 제게 이 메일이나 메시지로 문의하는 내용을 보면 알 수 있습니다. 또한 그 동안 저와 일했던 기업의 대표자, 담당자도 같은 이야기를 합니다.

결국 두 가지를 해결해야 격렬하게 '마케팅 배우기'를 시작할 수 있습니다.

첫째는 앞서 말씀드린 시간 관리와 일의 우선순위를 나눠 봐야 합니다. 만약 '마케팅 배우기'가 급하지 않고 중요한 일에 해당한다면 이는 장기적 관점에서 꼭 해야 하는 일입니다. 따라서 마케팅을 배우기 위한 별도의 시간부터 확보해야 합니다.

둘째는 어떻게 시작하는지 방법을 찾되 자신의 조건과 상황에 맞는 방법을 우선해야 합니다. 마케팅을 가르쳐 주거나 배울 수 있는 수많은 책, 강의가 있습니다만 마케팅에 대한 배경 지식과 경험에 따라 누군가의 추천이 나에게는 맞지 않을 수가 있습니다. 따라서 우선 나에게 필요한 것이(모르는 것이) 무엇인지부터 확인하고 그것을 해결하는 방법 중 자신의 수준과 상황에 맞는 것을 시작해야 합니다.

추가로 말씀드릴 것은 어떤 방법으로 마케팅을 배우더라도 한 번에 내가 원하는 모든 것을 충족시킬 수는 없을 것이라는 점과 무엇보다도 기본과 본질에 대한 내용을 포함하고 있는지를 확인해야 한다는 것입니다. 세계 최고 수준의 운동선수들도 기업가들도 기본을 위한 연습과 배움 그리고 멘토가 있다는 점을 잊어서는 안 됩니다.

만약 무슨 일을 해야 할 때 계속 미루고 하기 싫고 부담된다면 김연아 선수가 다큐멘터리 영상에서 했던 한마디를 대신 전해 드립니다.

"무슨 생각 하면서 스트레칭 하세요?"
"무슨 생각을 해... 그냥 하는 거지."

Key Message

마케팅을 꼭 배워야 할 이유는 무엇인지 생각해 보자. 절실하지도 않고 필요하지도 않다면 배울 이유가 없는 것이다.

04

아는 것과 안다고
생각하는 것의 차이

◇◇◇◇◇◇◇◇◇◇◇◇◇◇◇◇◇◇◇◇◇◇◇◇

'무엇을 안다'라고 하는 건 어떤 의미일까요?

공자는 '논어 위정편'에서 그의 제자에게 이렇게 이야기합니다.
"아는 것을 안다고 하고, 모르는 것을 모른다고 하는 것이 참
으로 아는 것이다."

플라톤의 '소크라테스의 변명·크리톤·파이돈·향연'에서 소크
라테스는 이렇게 이야기합니다.
"내가 아는 것은 내가 아무것도 모른다는 사실이다."

메타인지라는 말을 많이 들어 봤으리라 생각합니다. 간단하게
말하면 자기 생각을 판단하는 능력으로 '아는 것과 모르는 것을 구

분할 줄 아는 능력'이라고 할 수 있습니다.

그러면 아는 것과 안다고 생각하는 것의 차이는 무엇일까요?

제가 정의하는 '아는 것'은 '자신이 실행할 수 있고 누군가를 가르칠 수 있는 것'입니다. 그렇지 못하다면 즉, 안다고 생각하는 것이지만 결국은 모른다는 것으로 간주해야 합니다. 얼마나 잘 아느냐와는 별개의 문제입니다.

앞서 예를 들었던 '자전거 타기'를 생각해 보겠습니다.

자전거를 탈 수 있고 자전거 타는 방법을 가르쳐 줄 수 있다면? 그것은 아는 것입니다. 하지만 본인도 자전거를 탈 줄 모르고 그래서 가르쳐 주는 방법도 모른다면 그것은 모르는 것입니다. 설사 자전거 타는 것을 아무리 많이 보았고 어떻게 타야 하는지를 머리로는 안다고 해도 말입니다.

마케팅은 전문용어라고 하기 어려울 정도로 일상에서 자주 접하는 용어입니다. 입고 자고 먹고 살고 이동하는 데 사용하는 모든 상품과 서비스에는 마케팅이 자리 잡고 있습니다. 따라서 비즈니스를 하는 사람이라면 누구나 비즈니스의 중심에 마케팅을 두고 상품, 서비스 개발부터 세일즈까지 연계해서 잘 활용해야 합니다.

무엇을 알기 위해서는 배움이 필요합니다. 배움의 방법도 여러 가지가 있습니다. 예를 들면 책을 보거나 강의를 듣는 것입니다.

그렇다면 어떤 방법이 가장 학습 내용을 기억하기 좋을까요?

미국 국립행동과학연구소(NTL)에서 제시한 교육이론 중 학습 피라미드(Learning Pyramid)가 있습니다. 정보를 기억하는 방법을 피라미드로 시각화한 것입니다.

학습 피라미드에서는 24시간 이후 학습 내용 기억률에 따라 7가지 수준으로 나눕니다.

· 수동적 학습 방법
첫 번째 Lecture(강의, 수업 듣기) 5%
두 번째 Reading(소리 내어 읽기) 10%
세 번째 Audio Visual(시청각 수업 듣기) 20%
네 번째 Demonstration(시연, 시범 강의 보기) 30%

· 능동적 학습법
다섯 번째 Group Discussion(집단 토론하기) 50%
여섯 번째 Practiced by Doing(실제 직접 해보기) 75%
일곱 번째 Teaching Other(가르치기, 설명하기) 90%

학습 피라미드에 따르면 우리가 무엇인가를 배우고 그것을 오래 기억하기 위해서 가장 좋은 방법은 다른 사람과 그것에 대해 이야기 나누고 직접 실행하고 다른 사람을 가르치는 것입니다.

앞서 아는 것에 대한 저의 정의는 '자신이 실행할 수 있고 누군가를 가르칠 수 있는 것'이라고 했습니다. 따라서 마케팅을 배우고 잘하고 싶다면 이 책을 읽는 것에서 그치는 것이 아니라 책에서 배운 것을 직접 실행하고 그것을 다른 사람들과 이야기 나누고 가르쳐야 합니다.

그러고 나서야 이제 마케팅이 무엇인지 안다고 할 수 있는 것입니다.

지금 이 책을 읽고 있는 분은 '마케팅이 무엇인지 배우고 잘하고 싶어서'일 것입니다. 그렇다면 해야 할 일은 이 책에 나온 기본 지식을 읽으면서 자기 일에 적용을 해봐야 합니다. 읽는 것에서 그치면 기억하기 어렵고 알지 못합니다. 일에 적용하고 그 과정의 경험을 다른 사람들과 이야기 나눠야 합니다. 그다음에는 내가 알게 된 것을 모르는 사람에게 가르쳐 줘야 합니다.

저의 책『마케팅 모르고 절대 사업하지 않습니다』에서 마케팅은 팀스포츠라고 표현했습니다. 마케팅은 내부적으로 함께 일하는 동료가 있고 외부적으로는 파트너가 있습니다. 또한 디자이너, 기획, 경영 등 자신만의 역할을 맡은 여러 명과 함께 일합니다.

따라서 내가 배운 것을 실행하고 함께 일하는 사람들과 이야기 나누고 가르쳐 줄 때 마케팅을 안다고 할 수 있습니다.

Key Message

안다는 것과 모르는 것의 차이를 구분해 보자. 안다는 것은 다른 사람에게 설명할 수 있고 직접 실행이 가능한 것이다.

05

대표자와 담당자가
마케팅을 모르면 생기는 5가지 문제

∞∞∞∞∞∞∞∞∞∞∞∞∞∞∞∞∞

수학 시험을 본 다음 날 두 학생이 대화합니다.

"너 10번 문제 맞았어?"
"당연하지~!"
"와~ 그거 어떻게 풀었어?"
"풀긴 뭘 풀어~ 찍었지!"
"운 좋다~ 나도 찍었는데 틀렸어."

같은 날 같은 교실의 다른 두 학생이 대화를 합니다.

"너 10번 문제 맞았어?"

"어 맞았어."

"그거 어떻게 풀었어? 나 좀 가르쳐 주라"

"그래~ x하고 y하고 이렇게 저렇게 이 공식을 써서 풀었어."

가상의 대화입니다만 시험을 본 다음 날 어느 교실에서 한 번쯤은 있을 법한 대화입니다. 두 개의 대화를 보면 어떤 대화를 나누고 있는 학생들의 성적이 좋을지 예상이 됩니다. 만약 마케팅을 주제로 어느 작은 기업의 대표자와 담당자가 대화를 나누고 있다면 위의 두 가지 대화 중 어떤 대화를 해야 마케팅 성과가 더 좋을까요?

마케팅 담당자 한 명을 뽑았으니 이제 우리 회사 마케팅은 잘 되는 것만 남았다고 생각하는 대표자가 있다면 큰 착각입니다. 그리고 만약 그 대표자의 생각대로 마케팅이 잘 되고 있다면 그것은 그 담당자가 보기 드문 아주 특별한 인재임과 동시에 운 좋게 비즈니스의 여러 요소가 시기를 잘 만난 것일 겁니다.

왜냐하면 현실적으로 작은 기업의 마케팅 담당자를 많은 경력과 경험을 가진 사람으로 뽑기는 어려운 일입니다. 이제 막 사회 첫 경험 또는 낮은 연차의 담당자를 뽑아서 그에게 마케팅이라는 이름의 모든 일을 맡기는 경우가 많기 때문입니다.

그리고 담당자의 능력이 뛰어나다고 해도 제품과 서비스, 고객, 예산 등 여러 가지 마케팅에 필요한 요소들도 함께 뛰어나야 원하는 성과를 만들 수 있습니다.

마케팅은 단순히 우리 회사의 스토어나 블로그를 상위 노출하는 것이 목적이 아닙니다. 우리가 아는 많은 브랜드가 스토어나 블로그가 상위 노출이 안 되어 사업을 접은 것이 아닌 것처럼 말입니다.

인스타그램 팔로워가 많은 기업의 마케팅 고민은 없을까요? 아마 담당자는 매일이 고민이고 실험일 것입니다. 결정권자인 대표자가 마케팅이 무엇인지 모른다면 담당자가 하는 이야기를 제대로 알아듣고 올바른 판단을 할 수 있을까요? 반대의 경우도 마찬가지입니다.

대표자도 마케팅을 모르고 담당자도 마케팅을 잘 모른다면 결과가 어떨까요? 소 뒷걸음질 치다가 쥐를 잡는 때는 있어도 성장하는 마케팅의 경험과 인사이트를 쌓기는 어려울 수밖에 없습니다.

대표자와 담당자가 마케팅에 대한 배움 없이 위의 첫 번째 대화처럼 이 문제는 3번으로 찍고 다음 문제는 4번으로 찍는 것처럼 마케팅하고 있다면 결코 좋은 성적이 나올 리 없습니다.

요컨대 시간적인 어려움이 있다고 하더라도 결국은 대표자 또는 마케팅 결정권자와 담당자가 마케팅을 배우고, 각자 성장을 하지 않는다면 소중한 시간과 돈 그리고 감정까지 손해를 보게 될 뿐입니다.

그러니 마케팅을 배우는 것이 돈을 버는 일이라는 것부터 서로가 명확히 인식할 필요가 있습니다. 이후에는 우리의 현재 비즈니스 단계, 상황에 맞춰 필요한 마케팅을 배우고 활용해야 합니다. 뒤에서 좀 더 이야기하겠습니다만 목적지와 일정 없는 여행을 떠나지 않으려면, 내가 하는 마케팅의 '왜, 무엇을, 어떻게'라는 명확한 정의부터 우선 정해야 합니다.

어느 한 사람이 마케팅에 대해 모든 것을 알고 잘할 수 없습니다. 작은 규모의 기업일수록 서로의 역할에 따라 수준은 다를지언정 배움에 시간 투자하고 알게 된 것은 공유해서 전체적인 수준을 높여 가야 합니다.

아래 대표자와 담당자가 마케팅을 모르면 생기는 5가지 문제를 점검하기 바랍니다.

Problem 1.

자사의 마케팅 노하우, 인사이트가 없다. 따라서 인원이 교체되고 누가 담당자를 맡느냐에 따라 마케팅의 성과가 좌우된다.
···▶ 마케팅에 대한 정의와 프로세스가 명확히 정리되지 않았기 때문에 시스템이 아닌 개인의 능력에 결과가 좌우되는 것의 반복

Problem 2.

내부적으로 마케팅을 정의하고 이해하는 수준이 다르기 때문에 회의를 할 때마다 마케팅 최신 트렌드와 지식 대결의 말싸움이

된다.

⋯ 대표자, 담당자 등 내부 인원들이 기준을 삼을 마케팅의 방향, 목적이 불분명하고 지식과 경험을 공유할 방법이 없다.

Problem 3.

마케팅에 대한 오해와 불신이 생긴다. 제품 탓, 세일즈 탓, 소비자 탓, 마케팅 탓 등 문제점은 가득한데 해결책은 안 보인다.

⋯ 속병을 앓는 사람들이 늘어난다. 이해관계가 비슷한 사람들끼리 뭉치게 된다. 마케팅을 더 알아야 함에도 더 멀리하게 된다.

Problem 4.

외부에 대한 의존도가 높아진다. 즉 대행사 등의 파트너에게 자사의 마케팅 성과를 기대하게 되면서 자생력이 약해진다.

⋯ 성과가 낮아지면 파트너를 바꾼다. 계속 반복된다. 마케팅 업계에 대한 부정적 인식과 오해가 쌓여서 장기적인 성장 파트너가 없다.

Problem 5.

고객의 불만이 늘어난다. 마케팅에 대한 이해가 부족하여 새로운 아이디어가 없다. 다른 기업을 따라 하기 바쁘다.

⋯ 마케팅은 제품의 기획부터 생산 그리고 고객에게 전달하고 이후의 고객관리까지 모든 분야이다. 새로운 아이디어도 없고 마

케팅 문제 해결 방안도 없으면 고객의 불만족으로 이어지고 이는 전체 비즈니스에 영향을 준다. 마케팅을 '홍보 방법'이라는 아주 좁은 의미로 알고 있을 때 생기는 가장 흔한 문제이다.

마케팅을 배우고 배운 것을 함께 이야기하고 나눠야 합니다. 모르면서 배우지도 않는다면 무슨 수로 잘할 수 있는 방법이 있을 까요?

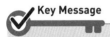
Key Message

함께 일하는 사람들과 서로가 알고 있는 마케팅에 관해 이야기를 나누자. 눈높이를 맞춰 보고 무엇을 알아야 할지를 발견해 보자.

06

사람이라면
누구도 피할 수 없는 편향

편향(bias)이란 한마디로 말하면 '한쪽으로 치우친 사고'입니다. 심리학에서의 편향이란 간단히 이야기하면 정상적인 사고의 과정을 거쳐서 건전한 결론이 도출되지 못하도록 왜곡시키는 요인을 말합니다. 우리가 자주 접하는 편향으로는 '확증편향', '휴리스틱', '후광 효과', '앵커링 효과'등이 있습니다.

사람이라면 누구도 편향에서 자유로울 수 없습니다.

흔한 예로 '확증편향'은 자기 생각과 일치하는 정보만 받아들이는 심리를 말합니다. 바꿔 말하면 보고 싶은 것만 보고, 듣고 싶은 것만 듣는 심리입니다.

또 다른 예로는 '양 떼 효과'가 있습니다. 주로 기업이나 정치에서 자주 활용하는 심리입니다. 무리에서 혼자 뒤처지거나 동떨어지는 것을 싫어해, 그저 따라 하는 현상을 말합니다. 특정 브랜드의 옷이나 전자제품이 인기를 끌면 나머지 사람들도 같은 제품을 사용하려 하는 것, 마트 등에서 사람들이 몰려 있는 곳에 또 몰려가는 것 등이 해당합니다.

그렇다면 마케팅을 잘하려면 왜 '편향'을 알아야 하는 걸까요?

간단합니다. 마케팅은 '사람'을 대상으로 하기 때문입니다. 마케팅의 대상은 단계에 따라 소비자, 잠재 고객, 고객, 단골, 팬 등 5가지로 구분할 수 있습니다. 그리고 이들은 모두 사람입니다.

종종 마케팅을 제품 중심으로 사고하기가 쉽습니다. 제조업 기업의 마케팅이 특히 그런 경향을 보일 때가 있습니다. 예를 들면 제품의 스펙, 특징, 기능 등을 강조하는 마케팅이 그렇습니다.

하지만 사람들이 과연 제품의 스펙만으로 구매를 하는 걸까요?

최근에 구매한 제품이 있다면 한번 떠올려 보시기 바랍니다. 진짜 제품의 스펙만을 보고 구매한 것인지 아니면 다른 이유가 있었는지 말입니다.

구매를 결정하는 요인은 여러 가지가 있습니다. 예를 들면 특정 브랜드를 선호하거나 유행을 따라가거나 아니면 충동적으로 구매할 때도 있습니다. 세일이나 프로모션이 구매의 이유일 때도 있습니다.

제품의 구매 여부는 잠재 고객의 고민, 욕망 등을 해결해 주는 가치에 달려 있습니다. 그리고 가치는 잠재 고객이 느끼는 심리의 문제입니다. 결국 마케팅은 제품 중심이 아닌 사람 중심이 되어야 하는 것이고, 사람을 중심으로 마케팅을 하기 위해서는 사람의 심리를 잘 알아야 하는 것입니다.

마케팅을 잘하는 고수들은 사람의 심리를 어떻게 마케팅에 활용하는지를 잘 알고 있는 사람들입니다.

세계적인 경영사상가 필립 코틀러가 "마케팅은 인류학과 심리학, 사회학의 혼합체이다."라고 말한 것도 마케팅에서 심리학이 얼마나 중요한 부분을 차지하는지를 강조하는 한마디입니다.

마케팅을 잘하려면 심리학, 뇌과학, 행동경제학이 마케팅에 어떻게 활용되는지를 알아야 합니다. 왜 똑똑한 사람도 멍청한 결정을 하는지를 알아야 한다는 뜻입니다.

Key Message

사람은 제품이 아닌 문제 해결을 구매한다. 제품의 품질은 구매 후에 판단된다. 그리고 사는 사람은 내가 아닌 고객이다.

DAILY MARKETING

PART 2

바쁘지만
마케팅은
배우고 싶다면

마케팅 초보 탈출을 위한
5가지 필수 아이템

TOP NEWS

01

마케팅
이란?

◇◇◇◇◇◇◇◇◇◇◇◇◇◇◇◇◇◇◇◇◇◇◇

현대 경영학을 창시했다고 평가받는 경영학자 피터 드러커는 "이상적인 마케팅이란 세일즈가 불필요하게 만드는 것이다."라며 "마케팅의 목적은 고객의 마음을 제대로 이해하고, 거기에 맞춰서 제품과 서비스를 제공해서 저절로 팔리게 하는 것이다."라고 하였습니다.

마케팅에 대한 자신만의 정의가 중요한 이유는 우리가 그것을 무엇이라고 정의하느냐에 따라 마케팅의 목적과 방향이 달라지기 때문입니다. 그래서 무슨 일을 하기 전에 스스로 그 일의 정의를 내리는 것은 매우 중요합니다.

만약 마케팅이 인스타그램 콘텐츠를 많이 노출시키고 팔로워를 늘리는 것이라고 한다면, 마케팅을 아주 좁고 작은 의미로 만들게 됩니다. 그러면 마케팅을 잘한다는 것이 결국 어떻게 하면 팔로워 수를 늘리느냐에 집중되는 것이고 그것이 성과의 기준이 됩니다.

하지만 마케팅은 단순히 특정 미디어의 활성화 여부를 의미하지 않습니다. 아주 간단히 마케팅이 무엇인지 사전적 의미만 검색해 봐도 그 뜻을 알 수 있습니다.

마케팅이란 고객들과의 관계를 관리하고, 시장을 구축하는 기법을 연구하는 학문, 혹은 그런 직무 또는 상품, 서비스 유통과 관련된 경영활동이라고 쉽게 확인할 수 있습니다. 따라서 마케팅을 마치 상위 노출, 팔로워, 카페에 글 올리는 것 등이라고 말하는 것은 '마케팅'의 사전적 의미조차도 모르고 하는 말이고 마케팅의 전략과 전술도 구분할 줄 모른다는 것을 스스로 말하는 것과 다르지 않습니다.

요리를 배우러 가서 숟가락, 젓가락 쓰는 법이 요리 잘하는 방법이라고 하는 사람의 이야기를 듣는다면 무슨 생각이 들까요? 이 사람은 요리가 무슨 뜻인지도 모른다고 생각할 것입니다.

지금 하는 마케팅이 답답하거나 무엇부터 해야 할지 잘 모르는 이유 중 하나는 나만의 마케팅 정의가 명확하지 않기 때문입니다. 내가 무엇을 위해서 무엇을 하고자 하는 것이 명확하지 않기 때문에 어디로 가야 할지 무엇이 필요한지를 모릅니다. 여행을 갈 때 왜, 어디로 갈지 모르는데 여행 가방부터 싸고 있는 것과 다르지 않습니다. 그러니 무엇을 준비해야 할지 몰라서 답답하게 됩니다.

그렇다면 나만의 마케팅을 정의하기 위해서는 어떻게 해야 할까요?

첫째는 내가 마케팅하는 '목적'이 무엇인지를 명확히 해야 합니다. 목적은 마케팅을 통해 궁극적으로 이루고 싶은 일이 무엇인가를 의미합니다. 내 상품과 서비스를 이용하여 고객의 문제를 해결하고 삶을 더 이롭게 만들고 싶다면 마케팅은 문제를 해결하는 방법을 제공하는 것이고 그 일을 하는 사람은 문제해결사가 됩니다.

세계적인 마케팅 구루 세스 고딘은 "마케팅은 고객의 삶에 긍정적인 변화를 만드는 일"이라고 말합니다. 마케팅을 통해 고객의 고민과 문제를 해결하기 때문에 삶에 긍정적인 변화를 만들 수 있다는 이야기입니다.

둘째는 내 '고객'이 누구인지를 명확히 해야 합니다.

대상에 따라 내가 하는 마케팅은 달라질 수 있습니다. 자동차를 좋아하는 동호회 회원, 유치원을 다니는 7살 아동, 80대 부모님을 모시고 사는 40대 부부를 위한 마케팅이 다를 수 있습니다. 고객이 없으면 비즈니스가 존재할 수 없듯이 마케팅도 고객이 없으면 존재할 수 없습니다. 따라서 고객이 누구인지를 명확히 하는 것은 마케팅을 정의하기 위해 필수적입니다.

위의 두 가지(목적, 고객)를 기억하고 이제 나만의 마케팅을 한 문장으로 정의해 보기를 바랍니다. 아마도 쉽게 떠오르지 않을 것입니다. 머릿속으로만 생각하지 말고 직접 펜을 들고 종이에 글로 쓰면 훨씬 도움이 됩니다. 익숙하지 않은 분을 위해 도움을 드리자면 아래 문장을 완성해 보는 것도 한 가지 방법입니다.

"내가 정의하는 마케팅은 ○○○(누구)의 ○○(고민, 문제, 욕망)을 해결하여 ○○○(내가 바라는 모습, 비즈니스 비전, 목적 등)을 이루기 위함입니다."

마케팅의 아버지라고도 불리는 필립 코틀러는 "마케팅은 고객에게 진정으로 가치 있는 것을 제공하는 기술이며, 고객들이 더 나아지도록 돕는 기술이다."라고 했습니다. 이제 누군가 마케팅이 뭐냐고 물었을 때 자신만의 정의로 답을 하시기 바랍니다. 그리고 그것을 믿고 실행할 때 마케팅의 답답함이 해소될 수 있습니다.

내가 생각하는 마케팅을 정의했다면 한 가지 해야 할 일이 있습니다. 그것을 내부 구성원, 파트너, 고객에게 공유하고 이해시키는 일입니다. 마케팅 프로젝트를 함께 진행하는 구성원들 사이에 의사소통을 잘하기 위해서는 서로가 사용하는 용어의 정의가 무엇을 의미하는지 이해하는 것이 중요합니다.

만약 결정권자가 생각하는 마케팅의 정의가 다르고 담당자가 생각하는 마케팅의 정의가 다르면 어떤 일이 생길까요? 서로 마케팅에 관해 이야기할 때 각자가 다른 뜻으로 받아들이거나 의사소통이 잘 안 돼서 업무적으로 문제가 생기기도 하고 불만이나 오해가 생길 수도 있습니다.

공통으로 사용하는 업무적인 용어들도 모두 마찬가지입니다. 마케팅을 이야기할 때는 그것이 의미하는 바를 같은 뜻으로 이해하고 있는지를 확인해야 합니다. 그것만으로도 업무적으로 큰 효율을 만들 수 있습니다.

제가 생각하는 저만의 마케팅에 대한 정의를 말씀드립니다. 저는 마케팅을 잘 모르거나 어려워하는 사람과 기업이 마케팅을 도구로 잘 활용하는 방법을 가르치거나 돕는 마케팅코디로 활동하고 있습니다.

저는 마케팅이란 '고객의 문제를 해결하여 궁극적으로 브랜드의 팬을 만드는 과정'이라고 정의하고 있습니다. 그래서 제가 하는 마케팅은 고객의 마케팅 고민과 문제를 해결하거나 돕기 위한 모든 활동입니다. 소셜미디어에 마케팅 글과 영상을 공유하고 오픈채팅방을 운영하며 대화를 나누는 것도 그중의 하나입니다.

정의를 내린다는 것은 명확성을 가지고 있다는 뜻입니다. 다음 장으로 넘어가기 전에 자신만의 마케팅을 정의하고 이어서 읽어 보기를 바랍니다.

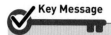

Key Message

나만의 마케팅 정의를 써보자. 마케팅을 어떻게 정의하느냐에
따라 방향과 방법이 달라진다.

02

매출을 만드는
기본 공식

매출을 만드는 기본 공식은 아래와 같습니다.

(1)노출 X (2)유입 X (3)전환 X (4)가격 = 매출

각각의 요소가 의미하는 바와 실행의 과정은 단순하지 않지만, 우선 여기서는 기본적인 광고와 마케팅을 통해서 매출을 만드는 구조에 대해서만 이해하는 것을 목표로 하겠습니다.

공식을 구성하는 각각의 요소를 조금 풀어서 말씀드립니다. 노출은 '얼마나 많은 잠재 고객이 내 상품이나 서비스를 보고 인지했는가'라는 뜻입니다. 유입은 '내 상품과 서비스를 구매할 수 있는 공간으로 몇 명이 들어왔는가'라는 뜻입니다. 전환은 '방문한 잠재 고객 중 몇 명이 내 상품이나 서비스를 구매했는가'라는 뜻입니다. 마지막으로 가격은 '잠재 고객이 지급하는 상품의 가치'를 뜻합니다.

"마케팅 비용이 많이 든다.", "마케팅 성과가 잘 나지 않는다." 라는 표현은 대부분 위의 공식을 구성하는 요소 중 한 곳 이상에서 문제가 발생되었기 때문입니다.

예를 들면 잠재 고객이 찾고 있는 가성비 좋은 상품이 있지만 그것을 아는 사람이 없다면 노출에 문제가 있는 것입니다. 유입되는 사람이 적다면 그것은 잠재 고객을 잘못 설정했거나, 미디어를 잘못 선택했거나, 광고와 마케팅 메시지에 문제가 있다는 뜻입니다. 노출과 유입이 잘 되고 있지만 상품을 구매하는 사람이 적다면 그것은 상품을 소개하는 상세페이지 또는 구매 과정에서 문제가 있다는 뜻입니다. 마지막으로 아는 사람도 많고 방문자도 많고 구매도 많이 하는데 매출이 부진하다면 그것은 상품구성이나 가격정책에 문제가 있다는 뜻입니다. 재구매가 이루어지지 않거나 긍정적 후기가 생기지 않는다면 상품이 제공하는 가치와 경험이 구매 비용에 못 미치거나 구매 이후의 고객관리에 문제가 있다는 뜻입니다.

마케팅 지식과 경험이 부족한 마케팅 초보 관점에서 가장 흔한 실수는 마케팅을 노출로 생각한다는 것입니다. 더 많은 사람이 내 상품과 서비스를 보거나 알게 되면 매출이 높아질 거로 생각한다는 뜻입니다.

노출의 핵심은 타깃 설정입니다.

누가 내 잠재 고객인지가 명확해야 합니다. 한정된 예산으로 잠재 고객에게 반복해서 노출하는 방법을 선택해야 합니다. 같은 예산을 잠재 고객이 아닌 사람들에게까지 노출하면 더 많은 유입이 일어나리라는 기대는 마치 낚싯대를 살 수 있는 돈으로 그물을 사서 바다로 나가는 것과 마찬가지입니다.

타깃 설정에 대한 좀 더 자세한 내용은 뒤에 나오는 '사람 이해' 부분에서 말씀드리겠습니다.

유입의 핵심은 혜택입니다.

고객은 스펙이 아닌 혜택을 구매합니다. 광고와 마케팅 콘텐츠에서 잠재 고객의 구매 동기가 숨겨진 니즈를 표현해야 합니다. 바꿔 말하면 잠재 고객이 고민하는 문제와 욕망이 해결되었을 때를 상상할 수 있어야 합니다.

『심리학으로 팔아라』의 저자 드루 에릭 휘트먼은 "제품이나 서비스가 사람들에게 무엇을 해줄 수 있는지가 중요하다. 가장 성공한 세일즈맨들은 제품의 혜택에 초점을 맞추지, 배달 장치나 제품 자체에 주목하지 않는다."라고 했습니다.

스펙과 혜택의 차이점을 간단한 비교해 보겠습니다.

이 비누는 어성초, 유황, 율무가 들어간 천연 비누입니다.
···→ 이것은 스펙입니다.
이 비누는 가벼워서 물에 뜹니다.
···→ 이것은 스펙입니다.
이 비누는 거품이 잘 납니다.
···→ 이것은 스펙입니다.

이 비누는 각질 제거 효과로 매끈한 피부결을 만들어 줍니다.
···→ 이것은 혜택입니다.
이 비누는 피부 진정 효과로 아토피 등 피부질환을 완화해 줍
니다.
···→ 이것은 혜택입니다.
이 비누는 몸에 밴 냄새를 제거하고 은은한 라벤더향을 더해
줍니다.
···→ 이것은 혜택입니다.

유입을 위한 광고와 콘텐츠에서는 잠재 고객의 감정을 가장
크게 자극하는 혜택을 강조해야 합니다.
유입을 유도하는 것은 상품 관점에서 고객 관점으로 생각을
바꾸는 것에서 시작해야 합니다. 바꿔 말하면 내가 하고 싶은 말이

아니라 고객이 듣고 싶은 말을 해야 한다는 뜻입니다. 고객은 상품의 스펙이 아닌 상품이 제공하는 가치를 구매합니다. 그 가치는 고객의 고민, 욕망을 해결하는 혜택의 크기에 따라 좌우됩니다.

전환의 핵심은 공감입니다.

이 상품을 구매한 고객이 자신의 소비가 이득이었다는 감정적, 논리적 근거를 제시해야 합니다.

전환을 위한 광고와 마케팅 콘텐츠에는 아래 요소들이 포함되어야 합니다.
(1) 해결하고 싶은 문제, 욕망
(2) 상품이 고객의 문제와 욕망을 해결한다는 약속
(3) 약속을 믿을 수 있는 증거(사회적 증거, 댓글, 후기, 인증)
(4) 상품 구매 후 고객이 기대하는 미래(문제와 욕망 해결 후)
(5) 지금 구매해야 하는 이유(추가 혜택, 인원 및 기간 한정 등)
(6) 구매의 거부감, 두려움 제거(교환, 수리, 환불 보증 등)

고객의 문제와 욕망에 공감하고 그 해결책을 제안하고 구매 행위가 고객에게 이득이라는 과정을 보여줌으로써 '안 사면 손해'라는 감정이 들도록 해야 합니다. 구매자가 많은 리더 기업의 상세페이지 등을 벤치마킹해야 합니다. 전환이 잘 되는 상세페이지에는 위에서 말한 기본 요소들을 포함하고 있습니다. 그뿐만 아니라 글, 이미지, 영상 등을 활용하여 고객이 자연스럽게 설득될 수 있는 구조를 제시하고 있는 것을 알 수 있습니다.

잘 만든 상세페이지를 찾고 싶다면 네이버 쇼핑에서 판매량, 후기 등이 많은 곳을 찾습니다. 그리고 '와디즈' '텀블벅' 등 크라우드 펀딩 서비스에서 후원을 많이 받은 프로젝트를 살펴보면 도움이 됩니다.

가격의 핵심은 가치입니다.

이 세상에 손해 보고 상품을 구매하고 싶은 사람은 없습니다. 바꿔 말하면 자신에게 이득이 된다고 생각해야 구매한다는 뜻입니다.

그렇다면 이득이 된다고 생각하는 이유는 무엇일까요?

그것은 내가 지급하는 비용보다 얻게 되는 가치가 더 클 때입니다. 고객이 해결하고 싶은 문제나 욕망의 크기에 따라 가치의 크기가 좌우된다고 했습니다. 하지만 모든 상품이나 서비스가 해결하는 고객의 문제나 욕망이 큰 것만은 아닙니다. 그럴 때는 고객이 가치를 더 크게 느낄 수 있게 이야기해야 합니다.

가치를 더 크게 느끼는 방법 중 세 가지를 소개해 드립니다.

첫째, 큰 비용의 대안과 비교하는 방법

내 상품의 대안이 되는 해결책보다 더 낮은 가격에 문제 해결이 가능하다는 것을 이야기하는 방법입니다.

예를 들면 네일아트샵을 가지 않더라도 집에서 쉽고 다양하게 내가 원하는 네일아트를 할 수 있는 젤네일 제품이 있습니다. 네일아트 샵 이용 비용과 비교해서 얼마나 더 많고 다양한 네일아트를 할 수 있는지를 비교한다면 이 제품을 구매하는 것이 비용대비 효과를 높이는 것이라는 설득이 가능합니다.

반대로 네일아트샵에서는 단순히 네일아트의 교체가 아닌 젤네일 제품이 제공할 수 없는 전문가의 세심한 관리와 서비스, 안전과 효과 등을 강조해야 할 것입니다.

둘째, 차별화와 희소성을 활용하는 방법

경쟁사가 제공할 수 없는 차별화된 제안을 합니다. 만약 내가 제공하는 상품이나 서비스가 다른 곳에서 찾을 수 없는 특장점이 있다면 그것의 희소성을 강조해야 합니다. 차별화와 희소성은 가치를 높이는 데 아주 중요한 요소입니다.

예를 들면 신제품 출시를 한정된 기간과 한정된 인원으로 제공하면 그것의 구매 동기를 자극하여 가치를 높이는 효과가 생깁니다. 다른 곳에서는 살 수 없는 상품을 판매하는 유일한 곳이라면 가격은 판매자가 정하기 나름입니다.

독특한 판매 제안(USP)이라는 개념을 처음 소개한 로저 리브스가 정의하는 USP에 대해 알아보겠습니다.

USP(Unique Selling Propositon, 독특한 판매 제안)의 정의
1. 모든 광고는 소비자에게 구체적인 제안을 해야 한다. 모든 광고는 소비자에게 다음과 같은 메시지를 전달해야 한다.
"이 제품을 사십시오. 그러면 이런 이득을 얻을 것입니다."
2. 경쟁사가 아직 내세우지 않았거나 내세울 수 없는 제안을 해야 한다.
독창성이 요구되는 것이다. 그것은 브랜드 자체가 독창적일 수도 있고 광고를 통한 주장이 독창적일 수도 있다.
3. 수백만 소비자의 마음을 움직일 만큼 강력한 제안을 내세워야 한다.
새로운 고객들이 당신의 제품을 사려 구름처럼 몰려들 정도로 강력한 것이어야 한다.

USP 전략의 핵심은 제품이 지닌 차별화된 혜택을 강조하고 이것을 다양한 광고, 마케팅 활동을 통해 확산하고 반복하는 것입니다.

차별화는 반드시 제품 자체에서만 가능한 것은 아닙니다. 제품의 포장, 배송, 서비스, 구매 과정 등 경쟁사에서 제공하지 않으면서 고객에게 더 크고 다양한 혜택을 제공할 수 있는 부분이라면 어디서든 가능합니다.

차별화와 희소성은 상품의 가치를 높여 줍니다.

셋째, 3가지 메뉴를 제공하는 방법

내가 판매하고자 하는 상품의 가격과 혜택보다 더 높은 것과 더 낮은 것을 포함해서 3가지 메뉴를 제공합니다.

예를 들면 참치회집에서 제공하는 메뉴를 보겠습니다.

참치스페셜 30,000원

실장추천 40,000원

VIP 80,000

세 가지 메뉴 중 가장 많이 선택하는 메뉴는 실장추천입니다. 가장 낮은 메뉴보다 조금 높은 가격임에도 불구하고 제공하는 혜택은 더 크기 때문입니다. VIP는 사실은 다른 타깃을 대상으로 하는 상품입니다.

참치스페셜 가격의 앵커링 효과 때문에 실장추천 메뉴가 합리적인 선택으로 작용하게 됩니다. 비슷한 예로 마트에서 30% 할인 세일을 하거나 편의점에서 1+1으로 판매를 하는 것 등도 모두 앵커링 효과를 유도하는 전략입니다.

앵커링 효과는 심리학자이자 행동경제학인 대니얼 카너먼이 제시한 개념으로 닻(앵커, anchor)에 연결된 배가 밧줄의 범위 안에서 움직일 수 있듯이, 처음에 인상적이었던 숫자나 사물이 기준점이 되어 그 후의 판단에 왜곡 혹은 편파적인 영향을 미치는 현상을 말합니다.

위의 사례에서는 참치스페셜 가격이 앵커로 작용했기 때문에 실장추천을 선택하는 것이 오히려 더 저렴하게 느껴지거나 이득으로 생각된다는 이야기입니다. 즉, 실제의 실장추천이 얼마의 가치를 가졌는지를 판단하는 게 아니라 참치스페셜의 가격과 비교하여 판단하게 되는 것입니다. 만약 다른 메뉴 없이 오직 실장추천 한 가지 메뉴만 있다고 생각해 보겠습니다. 그러면 고객은 실장추천 메뉴가 40,000원의 가격이 합당한 것인지를 생각해 보게 될 것입니다.

이 관점으로 보면 우리가 일상에서 구매하는 많은 상품이 3가지 메뉴로 구성된 경우가 많고 앵커링 효과의 영향을 많이 받는다는 것이 눈에 띄게 됩니다. 그리고 3가지 메뉴를 제공하는 방법은 맥락효과라는 심리 현상을 이용한 마케팅 방법이기도 합니다. 맥락효과는 소비자 입장에서는 어떤 대안이 가장 높은 효용을 제공하는지를 판단하기 어려운 경우에 보통 자신의 결정을 합리화할 수 있는 가장 확실한 근거가 뒷받침되는 대안을 선택하는 경향을 이용한 방법입니다.

예를 들면 한 번도 경험해 보지 못한 상품을 구매할 때 3가지 종류의 가격이 있다면, 어떤 것이 더 나은 선택인지 잘 모릅니다.

그럴 때는 대부분 중간 가격의 상품을 구매하게 됩니다. 이처럼 일상에서 자주 보는 상품의 가격을 결정하는 과정에도 심리학을 이용한 마케팅 방법이 적용되고 있습니다.

지금까지 매출을 만드는 기본 공식과 각 요소를 소개해 드렸습니다. 지금 하는 광고와 마케팅이 예상했던 목표보다 저조하여 고민이라면 각각의 요소를 점검해 보시기 바랍니다.

개선 후에는 다시 일정 기간 변화를 확인하는 검증 과정을 거쳐서 문제 해결의 원인을 찾았는지를 꼭 확인해 보기 바랍니다.

Key Message

매출이 발생하는 과정을 단계별로 점검해 보자. 어느 단계에서 무엇을 개선해야 할지를 알고 개선 방법을 찾아보자.

03

팔리는
글쓰기 구조

앞서 살펴본 매출 공식에서 유입과 전환에 필요한 마케팅 능력을 한마디로 하면 '글쓰기'입니다. 다른 말로는 광고와 마케팅 분야에서 '카피라이팅'이라고 합니다. 카피라이팅을 직업으로 하는 사람을 카피라이터라고 하고 카피라이터 출신인 유명 광고 감독과 광고회사의 임원들도 많습니다.

카피라이팅은 잠재 고객이 상품에 관한 관심을 끌게 하고 더 나아가 구매를 결정하게 할 수 있는 만큼 마케팅에서는 빼놓을 수 없는 중요한 능력입니다. 조금 과장을 보태자면 뛰어난 세일즈 글쓰기 능력만 있다면 어떤 상품이나 서비스도 판매할 수 있다고 해도 과언이 아닙니다.

『이제 말이 아닌 글로 팔아라』의 저자 이수민은 "어떤 글이 좋은 세일즈 글일까? 고객을 설득하여 그들에게서 원하는 행동을 이끌어 내는 글이다. 모든 세일즈 글은 성과로 평가되고 그 성과는 구매나 제안 요청과 같은 고객의 구체적 행동에서 나오기 때문이다."라고 했습니다.

글쓰기를 많이 해보지 않은 마케팅 초보로서 고객의 구매를 유도하는 글쓰기를 하기란 쉬운 일은 아닙니다. 그러나 다행스럽게도 국내외 많은 마케팅 고수들이 잘 팔리는 세일즈 글쓰기를 쉽게 따라 할 수 있는 구조를 연구하였습니다.

이번 장에서는 팔리는 글쓰기란 어떤 구조를 가졌는지를 살펴보고 그 구조에 맞춰 상품과 서비스의 팔리는 글쓰기를 연습해 보시기 바랍니다.

다만, 한 가지 먼저 진행해야 하는 것은 잠재 고객이 누구인지에 대한 깊은 이해입니다.

잠재 고객의 페르소나를 설정해 봅니다. 예를 들면 나이, 성별, 직업, 취미, 수입, 가족관계 등을 설정하여 이미지를 떠올려 봅니다. 특히 잠재 고객이 밤잠을 설칠 정도로 고민하는 것이 무엇인지, 잠재 고객이 찾고 있는 해결책이 무엇인지, 잠재 고객이 가장 중요하게 생각하는 가치는 무엇인지 등 잠재 고객을 이해할 수 있도록 깊이 고민해야 합니다.

팔리는 글쓰기는 공통으로 아래 요소를 포함하고 있습니다.

(1) 잠재 고객이 고민하는 문제 제기 : 잠재 고객의 관심을 끈다.

(2) 문제 제기에 대한 공감 : 친근함, 동질감을 표현한다.

(3) 문제 해결책 제안, 약속 : 해결 방법과 구체적인 제안을 한다.

(4) 해결책에 대한 근거 : 후기, 논문, 유명인사 등을 포함한다.

(5) 가격과 행동 촉구 : 가격, 지금 구매해야 하는 이유, 일정, 한정, 보증 등

세계적인 마케팅 전문가 조 비테일의 『꽂히는 글쓰기』에서 소개한 몇 가지 사례를 각색하여 설명드립니다. 팔리는 글쓰기의 5가지 요소를 포함한 예시입니다.

각각의 요소들에 내 상품과 서비스를 넣어서 직접 옮겨 써보시기 바랍니다.

(문제 제기)

웨딩촬영을 앞두고 다이어트가 고민인가요?

웨딩촬영 날짜는 다가오는데 살빼기가 너무 힘드신가요?

(공감 표현)

저도 웨딩 촬영 전에 다이어트를 하려고 했습니다. 그런데 막상 퇴근하고 나면 녹초가 돼서 운동 갈 힘도 없고 시간은 다가오는데 마음처럼 안 되어 스트레스를 받았습니다.

(해결책 제안)

다행히 ○○○ 다이어트 방법은 음식이 아니라 마음먹기에 따라 체중 감량을 가능하도록 도와줍니다.

(해결책 근거)

지금까지 ○○○ 다이어트 방법을 시도한 500명의 예비 신부들이 2개월 동안 평균 10kg 이상의 감량에 성공한 것으로 나타났습니다.

(가격과 행동촉구)

오늘부터 ○○○ 다이어트 방법을 시작한다면 웨딩촬영 때 입고 싶은 드레스와 옷을 입고 자신 있게 촬영하실 수 있습니다. 오늘 등록하는 선착순 50분께는 특별히 30% 할인된 가격으로 구매하실 수 있습니다. 지금 바로 신청하고 자세히 알아보세요.

위의 예시는 각각의 요소를 소개하기 위한 기본 내용들만을 포함하였습니다. 제품이나 서비스에 따라 더욱 풍성하게 내용을 구성할 수 있습니다. 예를 들면 비포&에프터 사진이나 영상, 구매 후기, 상품의 성과를 입증할 실험 결과와 논문, 방송이나 신문, 잡지 등에 실린 기사, 오피니언 리더의 인터뷰, 인플루어서의 추천 등 해결책의 근거를 뒷받침할 수 있는 사회적 증거를 포함하는 것을 추천해 드립니다.

팔리는 글쓰기의 마지막에는 환불, 교환 등의 보증 내용을 포함합니다. 보증이 있으면 믿고 구매할 수 있습니다. 그리고 보증의 내용이 좋다면 더욱 구매 동기를 자극하는 효과가 있습니다. 예를 들면 마트나 상점에서 볼 수 있는 "더 싸게 파는 곳이 있다면 100% 환불해 드립니다."라는 보증 문구가 있습니다. 이 문구를 보고 더 싸게 파는 곳을 찾아서 환불을 하려는 사람이 과연 몇 명이나 있을까요? 오히려 이 문구를 보고 지금 구매하는 것이 가장 싸게 구매하는 것이라는 생각을 하게 만드는 효과가 있습니다.

잠재 고객은 구매 후 자신의 구매가 합리적이고 논리적인 결과라고 의식적이든 무의식적이든 자신을 설득하게 됩니다. 팔리는 글쓰기에서는 잠재 고객의 구매 행위가 잠재 고객에게 이득이 되는 거래였다는 것을 감정적, 논리적으로 표현해야 합니다.

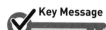

Key Message

> 고객이 누구인지를 알아야 그가 원하고 필요한 것을 제공할 수 있다. 마케팅은 상품을 위한 고객을 찾는 것이 아니라 고객이 찾는 상품을 제공하는 것이다.

04

소셜미디어
마케팅

이번 장에서는 왜 소셜미디어 마케팅을 하는지와 어떤 소셜미디어를 이용해야 하는지를 이야기하겠습니다. 좀 더 쉽게 이해를 돕도록 이번 장에서는 블로그, 인스타그램, 틱톡, 스레드, 트위터, 유튜브 등을 따로 구분하지 않고 모두 소셜미디어라고 통칭해서 말씀드립니다.

공공기관과 대기업부터 자영업까지 소셜미디어를 이용한 마케팅 활동은 기본이 된 지 오래입니다. 공식 계정을 활용해서 자사의 상품 정보, 광고 등을 노출하거나 타깃 소비자가 좋아하고 관심있어 하는 콘텐츠를 제공하기도 합니다. 그리고 소비자를 직접 상대하는 B2C 기업뿐만 아니라 B2B 기업도 마찬가지로 소셜미디어를 자사 브랜딩을 위한 미디어로 활용합니다.

와이즈앱·리테일·굿즈에 따르면 국내 인스타그램 앱 사용자 수가 2,167만 명, 밴드는 1,944만 명, 페이스북은 979만 명, 네이버 블로그는 383만 명, 카카오스토리는 817만 명, 틱톡은 610만 명이라고 합니다.

그렇다면 비즈니스의 규모와 종류에 관계없이 왜 소셜미디어를 마케팅에 이용하는 걸까요?

첫째, 시작에 비용이 들지 않는다.

인스타그램, 블로그, 유튜브 등 소셜미디어를 활용한 마케팅의 가장 큰 장점은 시작하는 데 비용이 들지 않기 때문입니다. 시작에 비용이 없다는 뜻은 가입만 하면 바로 이용이 가능하다는 뜻입니다. 마치 네이버나 카카오처럼 가입만 하면 이용하는 데 별도의 비용이 들지 않기 때문에 누구나 쉽게 시작을 할 수 있습니다.

그러나 실제로 소셜미디어를 이용한 마케팅 활동이 공짜라는 뜻은 아닙니다. 콘텐츠를 만들고 더 많은 사람에게 노출하기 위해서는 콘텐츠를 기획하고 제작하는 시간과 일정의 광고 비용이 필요합니다. 예를 들면 기본적으로 소셜미디어에 콘텐츠를 업로드하기 위해서는 (1)어떤 콘텐츠를 만들지 기획하고 (2)사진 또는 영상을 찍고 (3)텍스트로 내용을 써서 업로드를 해야 하는 과정이 필요합니다.

인스타그램의 경우는 비교적 그 과정이 간단합니다만 상대적으로 콘텐츠가 긴 글의 텍스트 위주인 블로그의 경우에는 콘텐츠 작성 시간이 긴 편입니다. 그리고 타깃을 설정하여 더 많은 노출을 위해서는 소액이라도 광고비가 투자되어야 합니다.

그럼에도 불구하고 소셜미디어는 다른 광고 매체와 달리 자신의 노력과 시간을 투자하여 마케팅 활동에 이용할 수 있다는 것이 가장 큰 장점입니다.

둘째, 노출과 확산이 빠르다.

마케팅 목적의 콘텐츠라도 각각 소셜미디어의 이용자 특성에 잘 맞는다면 콘텐츠의 공유를 통한 노출과 확산의 속도가 빠르다는 것이 장점입니다.

방송사의 콘텐츠를 유튜브를 통해 짧게 편집하여 올리는 이유도 더 많은 이용자를 대상으로 빠른 노출과 확산을 하기 위함입니다. 일례로 한 고등학생의 "슬릭백" 댄스 영상이 세계적인 관심을 끌며 단기간에 약 2억뷰의 조회수를 기록한 것이 소셜미디어의 노출과 확산의 위력을 보여 준 사례라고 할 수 있습니다. 소셜미디어의 노출과 확산의 위력은 과거에도 여러 사례가 많습니다. 미국의 버락 오바마 대통령의 소셜미디어를 활용한 디지털 캠페인, 싸이의 '강남스타일', BTS, 블랙핑크 등 국내 K-POP 가수들의 뮤직 비디오, 틱톡의 다양한 챌린지 캠페인 등 소셜미디어의 파급력을 실감했던 사례는 넘쳐 납니다.

다만, 상업적 목적의 콘텐츠는 연예, 스포츠, 문화 콘텐츠와는 달리 상대적으로 이용자들의 자발적 공유를 유도하기란 쉽지 않습니다. 소셜미디어 이용자의 특성을 고려하면서도 상업적 목적을 함께 달성할 수 있도록 잘 기획하는 것이 중요합니다.

예를 들면 걸그룹 베리굿 출신의 조현이 출연하여 인기를 끌었던 '명륜진사갈비'의 광고영상, 맥도날드의 '빅맥송' 챌린지 등이 소셜미디어의 이용자 특성을 잘 이용하면서도 자발적 공유를 이끌어 낸 사례라고 할 수 있습니다. 너무 무겁지 않으며 짧고 재미있고 후킹 요소를 가진 콘텐츠들이 인기를 끄는 상업적 콘텐츠입니다.

이와 다른 문법의 콘텐츠도 기획을 어떻게 하느냐에 따라 얼마든지 높은 관심을 끌기도 합니다. 광고기획사 '돌고래 유괴단'이 만든 광고는 화려한 출연진, 높은 영상 퀄리티 그리고 무엇보다도 아이디어의 참신함과 기발함으로 높은 인기를 끌기도 합니다. 광고인 줄 알면서도 재미가 있어서 일부러 찾아본다는 사람도 있을 정도입니다.

잘 만든 콘텐츠 하나가 열 광고 부럽지 않은 확산과 노출의 파급력이야말로 가장 큰 매력이라고 할 수 있습니다.

셋째, 이용 방법이 쉽다.

소셜미디어의 또 다른 장점 중 하나는 초등생부터 나이가 많은 어르신까지 누구나 쉽게 이용할 수 있다는 것입니다. 가입 절차와 몇 번의 이용 방법만 따라 하면 누구나 콘텐츠를 만들고 올리는 것이 가능합니다.

얼마나 잘하냐 못하냐, 좋냐 나쁘냐의 문제는 콘텐츠의 대상이 판단할 문제입니다. 예를 들어 시골 농촌에서 농사일 하는 모습을 별다른 편집 없이 올리는 데도 많은 사람이 영상을 보고 재미를 느끼고 공감을 표현합니다. 또는 비싼 제작비를 들여 유명인을 섭외하고 영상을 만들어도 별다른 관심을 만들지 못하기도 합니다. 핸드폰으로 음식 사진을 찍어 올리기만 했는데 수만 명의 팔로워가 생기기도 하고 유명 브랜드의 멋진 음식 사진과 영상은 광고라는 이유로 별다른 호응을 얻지 못하기도 합니다.

소셜미디어에서 기업의 콘텐츠가 환영받기가 힘든 이유는 소셜미디어의 태생적 배경과 이용자들의 특성 때문이기도 합니다. 페이스북은 친구 맺기, 트위터는 짧은 글쓰기, 인스타그램은 사진 공유, 유튜브는 영상 공유 등이 시작이었습니다. 바꿔 말하면 사람들의 커뮤니케이션을 좀 더 확장하고 의견을 표현하는 용도로 시작되었다는 뜻입니다. 소셜(social)이라는 말의 뜻에 그 의미가 담겨 있습니다. 그러다 보니 이를 상업적으로 이용하는 기업의 콘텐츠에는 관계를 맺고 소통하는 과정이 생략되기도 합니다. 이것이 기업이 소셜미디어를 마케팅 채널로 이용하기의 어려움이고 반대로 이것을 잘하는 기업의 소셜미디어는 이용자들의 높은 관심을 만들기도 합니다.

예를 들면 48만 명의 구독자를 보유한 충주시 유튜브 '충TV'가 기존의 공공기관의 딱딱하고 일방적인 정책홍보를 벗어나 화제가 되었습니다. 민속촌은 트위터부터 유튜브에 이르기까지 친근한 컨셉과 다양한 콘텐츠로 꾸준한 인기를 끌고 있습니다.

이용 방법이 쉽다는 것은 진입장벽이 낮다는 뜻이고 많은 사람이 다양한 활동을 할 수 있다는 의미입니다. 다만 인기와 관심을 받기 위해서는 그만큼 경쟁이 치열하다는 뜻도 됩니다. 선택의 폭이 넓기 때문입니다. 이용자 한 명 한 명이 마치 TV방송의 채널과 마찬가지라고 생각하면 쉽습니다. 복수의 채널을 시청하는 사람이 많지만 같은 컨셉이라고 모두 좋아하는 것은 아니기 때문입니다.

그렇다면 소셜미디어를 어떻게 활용해야 할까요?
우선, 세 가지 기본 준비가 필요합니다.

(1) 지속성

소셜미디어를 활용한 마케팅은 단기간의 큰 성과를 기대하기 어렵습니다. 단기 성과 목적의 광고와 달리 장기간 커뮤니케이션을 통한 관계 맺기에 중점을 두고 있기 때문입니다. 예를 들면 소개팅에 나가서 처음 만난 남녀가 결혼에 이르기까지 서로를 알아가는 시간이 필요한 것과 마찬가지입니다. 처음 만나자마자 결혼하자고 한다면 그 결혼이 제대로 성사될 리가 없는 것과 같습니다.

(2) 정체성

관계 맺기의 시작은 내가 누구인지를 먼저 알리는 것입니다. 상대방에게 내가 누구인지 제대로 소개하지 못하면서 좋은 관계를 맺자고 할 수는 없습니다. 따라서 브랜드의 비전, 목적, 스토리 등이 준비되고 그것을 지향하는 콘텐츠와 커뮤니케이션을 지속할 때 그것에 공감하는 팔로워와 팬이 생길 수 있습니다. 내가 누구인지를 먼저 명확히 하는 것이 우선입니다.

(3) 생산성

꾸준하게 내 이야기를 전달하는 것은 결국 콘텐츠로 표현됩니다. 따라서 콘텐츠를 정기적으로 계속 생산할 수 있는 준비가 되어야 합니다. 생각날 때마다 하고 싶을 때마다 콘텐츠를 생산하는 것은 타깃 이용자에게 지속된 관심과 신뢰를 받기 어렵습니다. 꾸준함을 유지하기 위해서는 생산성이 담보되어야 합니다. 생산성을 유지하기 위해서는 시의적절한 이슈와 트렌드에 관심을 가져야 합니다. 빠르게 이슈가 변화하는 디지털 세상에서 이용자들의 관심도 빠르게 변하기 마련입니다. 생산성 유지를 위해서는 정기적으로 콘텐츠를 생산할 수 있는 체계적인 프로세스를 먼저 준비해야 합니다.

위에서 말한 기본 준비가 필요하지만, 무엇보다도 중요한 것은 일단 시작하는 것입니다. 내가 아무리 양질의 콘텐츠를 큰 비용을 투자해서 만들었다고 하더라도 그것을 어떻게 받아들일지는 이용자가 판단합니다. 따라서 일단은 내가 지향하는 브랜드 컨셉과 마케팅 목적에 적합한 콘텐츠를 만들었다면 우선 내보내고 평가받아야 합니다. 이용자들의 관심과 반응을 보며 개선할 점을 찾고 그것을 반영하는 것이 중요합니다.

소셜미디어는 일방적 말하기가 아닌 쌍방향 소통이 중요합니다. 물론 브랜드 컨셉에 따라 보여 주고 싶은 이미지만 강조하는 때도 있습니다. 하지만 이 경우는 이미 오랜 시간 마케팅과 브랜딩을 통해 소비자들에게 브랜드 이미지와 컨셉이 확고히 인지된 경우에 해당됩니다. 소통보다는 노출을 선택한 경우입니다. 또는 신생 브랜드라도 소통보다는 이미지 연출이 중요한 경우도 해당할 수 있습니다. 다만 이용자로서는 뭐 하는 브랜드인지도 모르는데 알 수 없는 콘텐츠만 제공한다고 해서 그것이 브랜드가 의도하는 컨셉을 이해하리라는 것은 매우 어려운 일입니다.

바꿔 말하면 신생 브랜드라면 오히려 제품의 제작, 유통 과정과 고객과의 소통 결과를 더 많이 공유하는 것을 추천합니다. 누구나 어떤 브랜드인지를 알 정도로 유명해진 후에는 컨셉과 이미지 중심의 소셜미디어 운영을 하는 것이 좋습니다. 아는 사람도 없고 팔리지도 않는데 컨셉과 이미지를 중요시 한다고 브랜딩이 될 리 없습니다.

"나는 개인적으로 인스타그램도 안 하고 블로그도 안 하고 유튜브도 안 하는데 꼭 소셜미디어를 해야 할까?"라고 하는 사람도 있습니다. 그런 경우는 이런 말씀을 드립니다. "본인은 안 하지만 본인의 상품이나 서비스를 구매하는 사람들이 하고 있습니다." 즉 내 눈에 안 보인다고 없는 것이 아니란 뜻입니다.

상대적으로 작은 기업일수록 소셜미디어를 전략적으로 잘 활용하는 방법에 관심을 가져야 합니다. 다만, 한 가지 오해하지 말아야 하는 것은 소셜미디어를 이용하는 것이 비용이 들지 않는 것이지 '마케팅'에 비용이 들지 않는 것은 아니라는 것입니다. 콘텐츠를 만드는 것도 시간과 비용이 들고, 광고를 하는 것에도 시간과 비용이 듭니다.

너무 많은 소셜미디어를 한 번에 시작하기는 쉬운 일이 아닙니다. 그리고 모든 소셜미디어를 다 할 필요도 없습니다. 소셜미디어를 마케팅 채널로 선택할 때의 기준으로 가장 중요한 것은 잠재 고객이 가장 많이 이용하는 소셜미디어가 무엇이냐 하는 것입니다.

소셜미디어를 잘 활용해야 하는 것은 알겠는데, 어떤 소셜미디어를 시작해야 할지 고민이라면 블로그, 인스타그램, 유튜브를 가장 기본으로 하는 것을 추천해 드립니다.

(1) 블로그 : 검색포털에서 내 상품과 브랜드와 연관된 키워드 검색했을 때 노출이 쉽습니다. 다른 소셜미디어와 달리 잘 만든 (검색 노출 기준에 적합한) 콘텐츠는 장기간 상위 노출에 유리합니다. 다른 소셜미디어 콘텐츠의 기본이 되는 텍스트 기반의 콘텐츠를 주로 올립니다. 가장 먼저 시작해야 한다면 블로그를 먼저 시작하는 것을 추천해 드립니다. 블로그를 잘 활용하기 위해서는 앞서 소개해 드린 유입과 전환에 필요한 글쓰기 구조와 검색 포털의 노출

알고리즘에 대한 이해 그리고 키워드를 잘 활용하는 방법을 배우는 것이 필요합니다.

(2) 인스타그램 : 국내 이용자 수가 가장 많은 서비스입니다. 사진, 숏폼 영상 콘텐츠가 중심입니다. 따라서 상품이나 서비스를 사진이나 영상으로 잘 표현하는 것이 중요합니다. 사진으로 잘 표현해야 한다고 해서 스튜디오에서 비싼 비용을 투자하고 만들어야 한다는 뜻은 아닙니다. 핸드폰과 약간의 편집 기술만 익혀도 충분히 이용자가 좋아할 만한 콘텐츠를 만드는 데는 무리가 없습니다. 인스타그램을 잘 활용하기 위해서는 사진 촬영과 간단한 영상 편집 방법을 먼저 익혀 두는 것이 필요합니다.

(3) 유튜브 : 유아부터 할아버지, 할머니까지 남녀노소가 폭넓게 이용하는 소셜미디어는 유튜브입니다. 그만큼 다양한 콘텐츠와 채널이 있습니다. 유튜브는 영상 콘텐츠로 운영해야 하므로 블로그와 인스타그램보다 상대적으로 콘텐츠 제작에 더 많은 시간과 노력이 필요합니다.

유튜브를 시작하고는 싶은데 영상 편집에 대한 부담이 큰 경우가 많습니다. 다행히 최근에는 이용 방법이 무척 쉬운 모바일 영상 편집 툴뿐만 아니라 무료 영상 편집 툴도 많습니다. 또한 음성을 AI로 인식해서 자막을 만들어 주기도 하고 영상에 사용할 수 있는 무료 영상이나 무료 음악, 무료 이미지를 제공하는 곳도 많습니다. 기본적인 유튜브 이용법과 영상 촬영과 편집 방법은 익혀야 하지만 무슨 일이든 기술은 시간이 지나면 익숙해집니다. 오히려 중요한 것은 기술적인 것이 아니라 아이디어가 필요한 컨셉과 내용입니다. 유튜브를 잘 활용하기 위해서는 우선 내가 속한 카테고리의 영상들을 많이 보는 것을 추천해 드립니다. 많이 봐야 아이디어도 생기고 무엇을 어떻게 할 때 사람들이 좋아하는지도 감을 잡을 수 있습니다.

유튜브를 잘하는 방법을 알려 주는 유튜브 영상도 많으므로 시작이 상대적으로 조금 어렵다고 해도 시간을 두고 꼭 활용해 보길 바랍니다.

블로그, 인스타그램, 유튜브 세 가지 채널을 동시에 활용하는 방법은 가장 먼저 블로그 콘텐츠를 만들고 콘텐츠의 내용을 이미지로 만들어 인스타그램 콘텐츠로 활용하고, 그다음 그것을 영상으로 만들어 유튜브 콘텐츠로 업로드하는 것입니다. 즉, 우선 텍스트로 콘텐츠를 만든 다음에 이미지와 영상 등 다양한 형식으로 표현하고 그 형식에 적합한 소셜미디어를 활용한다는 뜻입니다.

소셜미디어를 활용한 마케팅 활동은 선택이 아닌 필수입니다. 어떻게 잘 활용할 것인가의 문제이기 때문에 위에서 말씀드린 내용을 참고하고 각각 소셜미디어의 구체적 활용 방법을 익히길 바랍니다.

 **Key Message**

가장 적은 비용으로 마케팅에 활용할 수 있는 소셜미디어의 기본적인 사용법은 배우자. 내가 하지 않는다고 고객도 하지 않는 것은 아니다.

05

구매를 부르는
소비자 심리학

큰 비용을 투자해서 여러 미디어에서 마케팅 활동을 했지만, 예상보다 결과가 좋지 않다면 유입과 전환에 문제가 생겼다는 뜻입니다. 좀 더 쉬운 말로 표현하면 마케팅 메시지를 통해 제품을 알기는 하지만 구매할 마음이 들지 않았거나 구매를 할 만큼의 동기가 자극되지 않았다고 할 수 있습니다.

잠재 고객 설정에 문제가 없다는 것을 가정할 때, 마케팅 메시지의 방향이나 강도가 잠재 고객의 마음을 움직일 만큼 명확하거나 강하지 않았기 때문입니다. 그런데 마케팅 메시지의 반응이 저조할 때의 메시지를 좀 더 자세히 살펴보면 메시지의 방향이 사람이 아닌 제품을 향해 있다는 것을 알 수 있습니다.

알 리스와 잭 트라우트의 『마케팅 불변의 법칙』에서 가장 강조하는 한마디는 "마케팅은 제품의 싸움이 아닌 인식의 싸움이다."라는 말입니다.

마케팅 메시지가 사람이 아닌 제품을 향해 있다는 뜻은 앞서 제품이 잠재 고객에게 어떤 해결책, 혜택을 제공하느냐가 아닌 제품이 얼마나 좋은지 스펙과 품질에 초점이 맞춰져 있다는 뜻입니다.

예를 들면 지금 사용하고 있는 스마트폰의 스펙을 자세히 알고 있는 사람이 몇 명이나 될까요? 아마 일반적으로 메모리 용량이나 배터리 수명, 카메라 화소수 정도는 알 수 있겠지만, 어떤 프로세서가 사용되었는지, 어떤 배터리가 사용되었는지, 카메라의 종류는 무엇인지를 알고 있는 사람은 거의 없을 것입니다. 바꿔 말하면 관여도가 높고 구매 비용도 크고 매일 사용하는 스마트폰도 스펙에 대해서는 관심이 크거나 중요하다고 생각하는 경우는 많지 않다는 뜻입니다. 마케팅 메시지는 스펙이 아닌 혜택을 이야기해야 하는 이유입니다.

그런데 막상 우리가 소비자를 향해 내보내는 마케팅 메시지는 자사의 제품 또는 서비스가 얼마나 장점이 많은지 스펙을 내세우는 경우가 많습니다. 본인의 구매 이유는 스펙이 아닌 문제 해결이지만 판매할 때는 스펙을 이야기하는 아이러니한 상황이 아닐수 없습니다.

지금 가지고 있는 스마트폰의 스펙을 가격과 성능을 비교하여 논리적인 판단으로 구매한 것이 아니라면 구매한 이유는 무엇일까요? 외부적인 요인과 감정적인 요인이 구매 이유입니다.

마케팅에서 심리학이 중요한 이유가 바로 '소비자는 왜 구매할까?'를 이해하고 마케팅에 활용하기 위함입니다.

이번 장에서는 마케팅에서 자주 활용되는 심리학, 행동경제학의 사례를 살펴보고자 합니다. 지금 하는 마케팅 메시지의 반응이 적은 이유를 찾고 제품이 아닌 사람을 향한 마케팅 메시지를 만들기 바랍니다.

(1) 밴드왜건 효과

친구를 만났는데 친구가 새로 스마트폰 케이스를 샀다고 하겠습니다. 같은 자리에 있던 친구들이 물어봅니다. "요즘 유행하는 케이스네.", "그거 어디서 샀어?", "나도 사야겠다." 지금 사용하는 케이스도 구매한 지 오래되지 않았고 구매 당시에도 다른 친구가 하는 걸 보고 따라서 구매했었습니다. 이처럼 친구, 지인 등이 구매했다는 이유로 따라서 구매하는 행동을 밴드왜건 효과라고 합니다. 즉 밴드왜건 효과는 소비자가 대중적으로 유행하는 어떤 제품을 구매하면 이에 따라 구매하는 현상을 말합니다. 우리 속담에 "친구 따라 강남 간다"를 생각하면 이해하기가 쉽습니다.

또 다른 예로 인플루언서가 판매하는 귀걸이가 있고 팔로워들의 구매 댓글이 많이 달린 것을 보았습니다. 사실 귀걸이가 당장 필요하지도 않고 구매할 생각도 없었지만, 그것을 보고 나니 나도 사야만 할 것 같은 생각이 듭니다. 구매 후에는 이 기회를 놓치지 않길 잘 했다며 자신의 구매 행위에 대한 자신의 설득 이유를 만들게 됩니다.

마케팅에서 밴드왜건 효과는 어떻게 활용할 수 있을까요?

가까운 예로 홈쇼핑에서 자주 보는 문구가 있습니다. '매진 임박' '주문 폭주' '한정 수량' 등을 강조하여 당장 필요하지 않음에도 사람들의 구매 행위에 편승해서 구매하게 만드는 방법입니다.

또는 잠재 고객과 유사한 가상의 고객을 내세워 나와 비슷한 사람들이 구매했다는 것을 이야기하는 예도 있습니다. 예를 들면 '우리 고객 중 30대 육아맘의 80%는 이 제품을 구매했습니다'와 같은 마케팅 메시지를 전달하는 방법입니다.

이처럼 일상에서 밴드왜건 효과를 기대하는 마케팅 메시지를 쉽게 접할 수 있습니다.

밴드왜건 효과와 비슷한 심리 현상으로 의사결정을 할 때 다수의 다른 사람의 영향을 받아 의사결정을 하는 '양 떼 행동 이론'이 있습니다. 예를 들면 마트에 갔는데 어느 코너에 많은 사람이 몰려 있는 것을 보고 뭔가 특별한 것이 있을 거로 생각하는 것입니다.

예전에 시골 장터에서 어르신들을 대상으로 팔던 만병통치약을 생각해 보면 좀 더 이해가 쉽습니다. "애들은 가라."라고 하면서 공연을 보여 주고 사람들이 몰려들기를 기다렸다가 그 수가 많아지면 그제야 약을 팔기 시작합니다. 미리 약속된 바람잡이 몇 명이 구매하면 몰려든 사람들도 너도나도 구매하기 시작합니다.

밴드왜건 효과와 양 떼 행동 이론은 유사성이 많은 심리 현상입니다. 일상에서 자주 접하는 마케팅에 널리 사용되고 있으므로 지금 하는 마케팅 활동과 메시지에 활용 방법을 찾아보시기 바랍니다.

(2) 보유 효과

'한번 입어 보세요'

'한번 써보세요'

'한번 타보고 결정하세요'

'구매 후 마음에 안 들면 전액 환불'

'바꿀 기회를 드리겠습니다. 그래도 안 바꾸시겠습니까?'

보유 효과를 쉽게 말하면 어떤 상품을 갖게 되었을 경우 갖기 전보다 그것을 더 높게 평가하는 현상입니다. 빅토리아 대학교의 학생들을 대상으로 보유 효과를 확인하기 위한 실험을 소개해 드립니다. 스위스 초콜릿바와 머그컵을 두고 세 그룹으로 나누어 첫 번째 그룹에는 머그컵, 두 번째 그룹에는 초콜릿바를 먼저 주고 교환할 기회를 주었습니다. 마지막 세 번째 그룹은 어느 것도 먼저 주지 않고 자유롭게 선택하게 하였습니다.

결과는 어땠을까요?

머그컵을 먼저 주었던 첫 번째 그룹과 초콜릿바를 먼저 주었던 두 번째 그룹 모두 약 90%가 처음 받은 것을 그대로 보유하는 결정을 했습니다. 아무것도 먼저 주지 않은 세 번째 그룹만 약간 높은 비율로 머그컵을 선택하였습니다.

이 실험에서 보유 효과를 이해할 수 있듯이 가치가 비슷한 두 개의 상품 중 자신이 처음 선택하고 보유한 상품을 다른 상품과 바꿀 기회를 주어도 대부분 사람은 자신이 처음 선택한 상품을 그대로 갖고 있길 원한다는 것을 알 수 있습니다.

보유 효과는 우리 일상에서도 위의 실험과 비슷한 사례를 많이 볼 수 있습니다. 길 가다 마주친 홍보 부스에서 상품 두 가지 중 하나를 준다고 할 때 대부분 사람이 처음 선택한 상품을 그대로 가져가는 경우입니다. "아니에요. 그냥 이걸로 할게요." 교환이 가능하다고 해도 말입니다.

보유 효과를 마케팅에서 어떻게 활용할 수 있을까요?

(1) 일정 기간 사용 후 구매

: 정기 결제 서비스의 대부분,

1개월 무료 사용 후 다음 달부터 결제

(2) 구매 후 불만족 시 100% 환불

: 가전제품, 생활용품, 업무 용품, 스포츠 및 레저용품 등

(3) 타보고 결정하세요. 써보고 결정하세요.

: 차량 시승, 홈쇼핑 판매 대부분 상품

사람은 자신의 것이 아닌 물건도 잠시 자기의 통제에 있던 물

건이라면 그것에도 보유 효과가 나타난다고 합니다. 이런 효과를 이용한 마케팅이 체험 마케팅입니다.

미국의 안경 브랜드 와비파커는 안경의 유통 과정을 혁신하여 평균 안경 가격의 1/5 정도 가격을 책정하였습니다. 소비자가 온라인에서 선택한 마음에 드는 안경 5개의 샘플을 배송하고 5일 동안 사용 후 최종 선택한 안경을 제조하여 보내는 방식으로 창업 5년 만에 세계에서 가장 혁신적인 기업 1위를 차지했습니다.

비싼 가격의 안경을 합리적인 가격으로 제공하는 것, 기존 오프라인 유통망을 온라인으로 옮겨 왔다는 것 등 혁신의 요소 외에도 5개의 안경을 체험해 보고 결정한다는 보유 효과도 미국 소비자들의 폭발적인 반응을 불러일으킨 이유 중 하나입니다. 마음에 드는 안경을 계속 쓰고 싶어 하는 심리가 작용한 것입니다.

지금 하는 마케팅 활동에서 보유 효과를 활용할 수 있는 방법이 있는지 점검해 보시길 바랍니다.

(3) 사회적 증거의 원칙

『설득의 심리학』의 저자 로버트 치알디니는 그의 저서에서 설득의 달인들이 사용하는 6가지 심리원칙을 소개합니다. 6가지 심리원칙 중 사회적 증거의 원칙을 소개해 드립니다.

'사회적 증거의 원칙'에 따르면 우리는 옳고 그름을 판단할 때 다른 사람들이 내린 판단을 근거로 삼습니다. 특히 어떤 행동이 옳

은지 그른지 결정해야 할 때 더욱 그렇습니다.

마케팅 활동에서 가장 쉽게 확인할 수 있는 사회적 증거는 무엇이 있을까요?

바로 '후기'입니다.

온라인에서 상품을 구매하는 모습을 상상해 보겠습니다. 검색 포털에서 구매하고자 하는 상품을 검색하거나 평소에 자주 이용하는 커머스에서 상품을 검색합니다. 그 후에는 유사한 상품 중 가격과 스펙을 비교합니다. 마지막에는 상품 사용자들의 후기를 확인하면서 자신의 구매 행위가 올바른 선택인지를 판단하는 근거로 사용합니다.

이를 마케팅에서 활용하는 사례는 광고와 마케팅 메시지에 사회적 증거를 강조하는 방법이 있습니다.

'10,000건의 후기', '최다 판매량', '최단기간 매진' 등입니다.

많은 사람이 선택했다는 것 그 자체가 구매 결정이 틀리지 않았다는 충분한 증거가 됩니다. 또한 처음 경험하는 상품일수록 구매 실패에 대한 위험성을 줄여 줄 수 있는 이유가 됩니다.

만약 단 하나의 심리 현상만 마케팅에 사용할 수 있다면, 저는 가능한 많은 사회적 증거를 모으는 것을 선택하겠습니다. 소비자의 구매 결정을 유도하는 강력한 심리일 뿐만 아니라 소비자가 가장 신뢰하는 '사람의 말'이라는 마케팅 효과가 함께 작용하기 때문입니다.

후기 외에 다른 사회적 증거라고 하면 잠재 고객에게 잘 알려진 오피니언리더의 추천사, 유명 인플루언서의 후기, 연구소의 실험 결과, 잠재 고객을 대상으로 한 설문조사 등이 있습니다. 요컨대 다수의 사람이 선택했다는 것을 증명할 수 있고 신뢰도가 높을수록 구매 결정에 미치는 영향력은 더욱 커집니다.

이 책을 구매할 때도 마찬가지입니다. 어떤 경로를 통해서 이 책을 인지하게 되었고 저자와 목차, 서문 등을 살펴보았을 것입니다. 그리고 다른 사람의 서평을 확인하고 구매를 결정하게 되었을 것입니다. 즉 지금 읽고 있는 이 책의 구매 과정에서도 사회적 증거가 영향을 미쳤다고 할 수 있습니다.

마케팅 전략도 전술도 잘 모르겠고 어렵다고 생각한다면 다른 것은 미루더라도 반드시 '사회적 증거'를 가능한 한 많이 모으는 것에 집중해 보길 바랍니다.

Key Message

왜 사는지, 왜 사지 않는지를 알고 싶다면 사람을 먼저 이해하자. 사람을 이해하기 위해서는 심리를 알아야 한다.

PART 3

나만 몰랐던
마케팅 레벨업
3단계

사람을 이해하고
기본 지식을 쌓고 실행하고
개선하기

OI

마케팅 고민 해결과
초보 탈출을 위한 3단계

◇◇◇◇◇◇◇◇◇◇◇◇◇◇◇◇◇◇◇◇◇◇◇◇◇◇◇◇

마케팅 고민 해결과 실력 향상을 위해서는 '사람 이해', '개념 이해(기본 지식)', '가설 검증'의 마케팅 레벨업 3단계가 필수입니다. 어떤 이름으로 달리하더라도 결국은 이 3단계 과정을 거치지 않으면 결코 마케팅 고민 해결과 실력 향상을 할 수 없다고 장담합니다.

앞서 세계적인 마케팅 구루들이 정의하는 마케팅이란 무엇인지에 대해 말씀드렸습니다. 그 이야기를 마케팅 레벨업 3단계에 적용해서 다시 한 번 확인해 보겠습니다.

먼저 『포지셔닝』과 『브랜딩 불변의 법칙』의 저자인 알 리스의 정의입니다.

"마케팅은 잠재고객의 마음속에 브랜드를 구축하는 일이다."

"잠재고객의 마음속" …→ 마케팅 레벨업 1단계 '사람 이해'
"브랜드" …→ 마케팅 레벨업 2단계 '기본 지식'
"구축하는 일" …→ 마케팅 레벨업 3단계 '가설 검증'

다른 예를 한 번 더 확인해 보겠습니다.

『마케팅 상상력』의 저자 시어도어 레빗의 정의입니다.

"마케팅이란, 하는 일과 일하는 방식을 경쟁자와 차별화해 고객을 확보하는 것이다."

"고객, 경쟁자" …→ 마케팅 레벨업 1단계 '사람 이해'
"하는 일과 일하는 방식을 차별화"
…→ 마케팅 레벨업 2단계 '기본 지식'
"고객을 확보하는 일" …→ 마케팅 레벨업 3단계 '가설 검증'

마케팅 레벨업 3단계는 특별한 기술이나 방법이 아닙니다. 기본과 본질의 과정입니다. 그렇기 때문에 어떤 마케팅 정의에도 적용이 가능합니다. 예산이 많아도 새로운 플랫폼과 툴이 있어도 마케팅 레벨업 3단계에 대한 이해와 적용이 없으면 결코 원하는 성과를 만들 수가 없습니다.

고객이 누구인지도(어떤 사람인지도) 모르고 마케팅, 브랜딩 관련 지식도 없는 데다가 실행하고 개선하지 않는데 잘 될 일이 없습니다. 그 정도 이야기를 누가 모르냐고 반문할 수도 있습니다. 정말 대부분 알고 있는 이야기일까요? 그리고 현실에서도 그럴까요?

도대체 이 광고와 마케팅은 누구를 대상으로 하는 건지 애매하거나 틀렸다고 생각한 적이 있으신가요?

브랜드 로고만 빼면 어느 브랜드인지 알 수도 없고 무슨 이야기를 하고 싶은 건지 헷갈린 적이 있으신가요?

상품의 스펙만 강조하고 그래서 내게 뭘 해줄 수 있는 건지 전혀 모르는 광고와 마케팅을 보신 적이 있으신가요?

이론은 박식하고 말로는 하는 것마다 성공하는데 실제로는 제대로 된 성과를 만들지 못해서 고민하는 사람이나 기업을 보신 적이 있으신가요?

이 모든 게 결국 마케팅 레벨업 3단계에서 한 가지 이상이 빠졌기 때문에 생기는 문제입니다.

고객을 명확히 하지 않아서 누구에게 하는 이야기인지 모르는 광고와 마케팅이 넘쳐 납니다. 마케팅의 '마'도 배우지 않으면서 마케팅 전략을 결정하고 결과를 평가합니다. 실행은 1도 하지 않으면서 말로만 상상하는 성공도 널려 있습니다.

요컨대 사람 이해, 기본 지식, 가설 검증 없이는 지금 하는 마케팅의 고민 또는 문제 해결과 마케팅 실력 향상은 머나먼 다른 나라 이야기일 뿐입니다.

Key Message

마케팅 고민 해결과 실력 향상을 위해서는 사람 이해, 개념 이해, 가설 검증의 3단계를 거쳐야 한다. 누가 고객인지를 알고 마케팅이 무엇인지를 알고 직접 실행해 봐야 한다.

02

마케팅 초보 탈출 1단계 :
사람 이해

마케팅에서 '사람 이해'란 무엇을 뜻할까요?

두 가지 의미가 있습니다.

첫째는 '잠재 고객이 누구인지를 이해한다'는 뜻입니다. 지금 하는 마케팅이 누구를 대상으로 하는지를 구체적이고 명확하게 파악하고 있다는 의미입니다. 마케팅에서 흔히 쓰는 표현으로는 '타깃팅'이라고 합니다.

둘째는 '사람의 심리와 뇌의 기능에 대해 이해한다'는 뜻입니다.

사람이라면 누구도 피할 수 없는 심리적 편향, 똑똑한 사람도 바보 같은 선택을 하는 뇌과학과 행동경제학에 대한 기본적인 수준의 이해를 의미합니다. 마케팅은 사람을 대상으로 합니다.

『컨버티드: 마음을 훔치는 데이터분석의 기술』의 저자 닐 호인은 "기억하라 모니터 뒤에 사람이 있다."라고 했습니다.

마케팅 활동이 이루어지는 무대가 온라인이든 오프라인이든 상관없이 고객이 누구인지와 사람의 심리를 이해하지 못한다면, 내가 하는 마케팅은 과녁이 아닌 허공을 향해 쏘는 화살이 될 뿐입니다. 그래서 마케팅 문제 해결과 실력 향상을 위한 1단계는 '사람 이해'입니다.

그렇다면 타깃팅은 어떻게 해야 할까요?

자주 쓰는 마케팅 용어로 '(바이어, 고객)페르소나'를 설정한다고 합니다.

간단히 말하면 대상으로 하는 고객에 대해 가상의 캐릭터를 설정하는 것이라고 할 수 있습니다. 예를 들면 2030대 남성 대상 스킨케어 제품을 마케팅할 때 페르소나를 설정한다면 다음과 같이 가상의 고객을 구체화할 수 있습니다.

- 성명 : 홍길동
- 나이 : 30세
- 학력 : 대졸
- 직업 : IT 기업
- 결혼 유무 : 미혼, 여자친구 교제 1년
- 거주지 : 회사근처 자취

- 취미 : 축구 동호회, 컴퓨터 게임
- 연소득 : 4,000만원
- 피부 관리 방법 및 고민 : 지성 피부, 여자 친구 또는 선물 받은 제품 사용, 피부과를 다니거나 별도로 관리를 위한 노력은 하지 않음

추가로 필요한 항목을 더하면서 좀 더 구체화할 수 있습니다. 이렇게 페르소나를 설정하면 내가 마케팅을 하는 대상을 좁히고, 누구인지가 명확해지고, 전해야 할 메시지의 방향을 설정하는 데 도움이 됩니다.

가장 핵심은 누구인지를 아는 것에서 그치는 것이 아니라 이해하는 것이 목적입니다. 잠재 고객이 고민하는 것이 무엇인지 또는 모르고 있는 것이 무엇인지를 알아내서 그것을 어떻게 제공할 것인가를 알아내는 것입니다.

다음으로 잠재 고객을 이해하기 위해 할 일은 '관찰하기'입니다.

누군가를 알게 된 지가 오래되었다고 이해하는 것은 아닙니다. 누군가를 이해한다는 것은 결국 그가 왜 그런 생각을, 행동하는지를 안다는 것입니다. 그 사람의 생각과 심리는 말과 행동으로 나타나게 됩니다. 그리고 말보다 행동을 관찰해야 좀 더 명확히 그 사람의 생각과 심리를 이해할 수 있습니다.

사람을 관찰하는 방법 중 가장 쉽게 할 수 있는 몇 가지 방법을 말씀드립니다.

1. 설문조사 : 잠재 고객 대상 온라인 또는 오프라인, 설문의 내용은 잠재 고객의 심리와 행동 패턴을 파악하는 것에 목적을 둡니다.

2. 온라인 모니터링 : 잠재 고객이 주로 이용하는 카페, 커뮤니티, 소셜미디어 등에서 제품 또는 서비스 관련 대화를 모니터링합니다.

3. 오프라인 모니터링 : 실제 생활 속에서 자사 또는 타사 제품 또는 서비스의 구매 과정, 사용 방법 등을 살피고 예상과 다른 점을 찾아냅니다.

위의 세 가지 방법은 큰 비용 없이도 가능한 한 쉽게 잠재 고객을 관찰하는 방법입니다. 다만, 관찰할 때 놓치지 말아야 할 점은 소비자는 생각보다 불만을 잘 이야기하지 않는다는 점입니다. 따라서 아무 이야기가 없다는 것이 만족한다는 뜻은 아니라는 점입니다. 오히려 불만이 있으면 아무 말 없이 더 이상 자사 제품 또는 서비스를 이용하지 않고 바로 갈아타게 마련입니다.

한 가지 추가로 더 말씀드리면 왜 자사 제품 또는 서비스를 구매하는가보다 왜 구매하지 않는가에 관해 확인을 해봐야 합니다. 구매 이유를 알고 그것을 계속 유지하는 것은 자사 제품 또는 서비스가 생존을 유지하기 위한 핵심 가치입니다. 그것은 계속 강화시켜야 할 부분입니다. 다만, 새로운 고객을 유치하고 만족시키기 위해서는 왜 우리 제품 또는 서비스를 구매하지 않는지를 알아내는 것이 중요합니다.

어느 날 팀장이었던 제게 팀원 한 명이 콘텐츠 아이디어를 고민하다가 물었습니다.

"팀장님은 (마케팅 관련) 아이디어를 어디서 찾으세요?"

"나는 주로 출퇴근하면서 사람들을 관찰해. 무슨 옷을 입는지, 신발은 뭘 신는지, 어떤 책을 보는지, 무슨 영상을 보는지 같은 걸 관찰해."

"저도 매일 보기는 하는데, 뭐가 다른가요?"

"관찰을 할 때 왜?라는 생각을 해보고 지금 하고 있는 마케팅하고 내가 보고 있는 저 사람을 어떻게 연결 지을까를 생각하면 아이디어가 떠오를 때가 있어."

광고와 마케팅 일을 하면서 사람들을 관찰하는 건 일종의 직업적 습관이 되었습니다.

누군가를 보며 '저 사람은 무엇을? 저 행동은 왜?'와 같은 생각과 연결 지어서 생각해 보면 새로운 아이디어뿐만 아니라 관찰하던 사람을 이해하는 데 도움이 됩니다. 자기 생각과 전혀 다른 관점에서 생각해 볼 수 있는 기회가 되기도 합니다. 앞서 말씀드렸듯이 관찰에는 목적성 있는 관찰이 중요합니다.

글로벌 소비재 기업 P&G에서는 "사자가 사냥하는 법을 보려면 동물원이 아닌 정글로 가야 한다."라는 앨런 래플리 전 CEO의 말과 함께 소비자와 함께 생활하는 '참여 관찰' 방법까지 동원했습니다. 일상에서, 거리에서 소비자를 관찰하는 것은 물론이고 소비자의 집에서 같이 생활하며 관찰하였습니다. 소비자 관찰의 중요성을 그만큼 강조하였습니다.

이 책뿐만 아니라 평소에도 제가 자주 인용하는 말이 있습니다.

'마케팅의 아버지'라고 불리는 마케팅의 대가이자 세계적인 경영사상가인 필립 코틀러는 "마케팅은 인류학과 심리학, 사회학의 혼합체이다."라고 했습니다.

마케팅에서 심리학이 얼마나 큰 비중을 차지하고 있는지를 한마디로 표현한 말입니다. 앞서 말씀드렸듯이 사람을 대상으로 하는 마케팅에서 사람을 이해하는 것은 너무나 당연한 이야기입니다.

하지만 우리가 일상에서 자주 접하는 광고나 마케팅 콘텐츠와 메시지를 보면 사람에 관한 이야기보다 제품과 서비스에 관해 이야기하는 것을 쉽게 볼 수 있습니다. 구매는 제품의 스펙이 좋다고 이루어지는 것이 아니라는 점을 선뜻 납득하기 어려울 수도 있습니다. 하지만 간단한 예를 들어보면 구매는 고객의 감정과 문제 해결에 대한 가치를 얼마나 제공하느냐와 문제의 크기와 시급함에 좌우된다는 것을 알 수 있습니다.

그리고 상품의 스펙이나 논리적인 구매 이유는 구매라는 행위를 스스로 설득하기 위한 근거로 사용됩니다.

간단히 예를 들어 새로 나온 아이폰이나 갤럭시를 구매하는 경우는 어떨까요? 과연 제품의 스펙이나 성능을 기준으로 구매를 할까요? 아니면 구매 후에 제품의 스펙이나 성능을 이야기할까요? 새로 나온 아이폰이나 갤럭시의 구매를 관찰해 보면 실제로는 현재 사용하고 있는 스마트폰을 사용하지 못하기 때문이거나 더 좋은 스펙의 스마트폰이 필요해서가 아니라는 것을 쉽게 알 수 있습니다.

예쁜 디자인이 마음에 들어서일 수도 있고 주변에 가까이 지내는 사람들이 가지고 있기 때문일 수도 있습니다. 실제로는 스마트폰의 다양한 기능을 모두 사용하지 않고 기존 스마트폰으로 충분한 기능 정도를 사용하고 있는 모습을 자주 볼 수 있습니다.

일반적인 예를 들면 조금의 비용이 더 들더라도 빠른 배송, 쉽고 편한 이용을 할 수 있는 서비스 등이 있습니다. 사람들은 비용과 시간, 노력의 가치를 비교해서 자신의 문제 해결을 위해 조금의 돈을 더 지불하는 것을 아까워하지 않고 오히려 이득이라고 생각할 때가 있기 때문입니다.

위와 같이 문제 해결의 가치와 감정을 마케팅에 활용하는 예는 얼마든지 있습니다. 결국 제품의 스펙이 아닌 잠재 고객의 심리를 마케팅에 활용할 줄 알아야 더 많은 구매를 유도할 수 있다는 뜻입니다.

로버트 B. 세틀과 파멜라 L. 알렉의 『소비의 심리학』에서 "소비자들이 진정으로 원하고 필요로 하는 상품과 서비스를 판매하는

것이야말로 최선의 방법이라는 데에는 이론의 여지가 없다. 그렇다면 이런 최선의 마케팅을 선택하기 위해서는 무엇이 필요할까? 아마 가장 중요한 요소는 소비자에 대한 철저한 이해일 것이다."라고 했습니다. 또한 "시장에 있는 소비자를 잘 아는 마케터만이 오랫동안 계속해서 성공을 거둘 수 있다."라고 했습니다.

심리학과 함께 알아 두어야 할 분야는 뇌과학과 행동경제학입니다. 뇌과학은 인간이 진화를 해온 과정에서 오랫동안 뿌리 깊게 내장된 행동 양식을 이해하는 데 도움이 됩니다. 행동 경제학 역시 사람이 어떤 행동과 결정을 하는 것의 이유를 이해하는 데 도움이 됩니다.

한마디로 "왜 똑똑한 사람도 멍청한 선택을 할까?"를 이해하는 데 도움이 됩니다.

이 분야에서 잘 알려진 책으로는 리처드 탈러의 『넛지』와 『행동경제학』이 있습니다. 로버트 치알디니의 『설득의 심리학』, 『사회 심리학』, 『초전 설득』 등도 추천하는 책입니다. 초심자가 읽기에는 내용이 좀 많고 다소 어려울 수 있지만 좀 더 깊은 이해와 관심이 있는 분이라면 읽어 보길 추천해 드립니다.

마케팅 초보 탈출이라고 하면 특정 미디어를 활용하는 방법이나 꼼수, 편법 등을 이야기하는 경우가 있습니다. 그런데 과연 그 방법이 맞을까요?

2021년 방송을 시작한 이래 여성들뿐만 아니라 남성들에게도 큰 인기를 끌고 있는 '골 때리는 그녀들'이라는 프로그램이 있습니다. 방송 초기에는 태어나서 처음으로 축구를 해보는 여성 출연자들이 많았습니다만 지금은 다들 과거와 달리 축구 실력이 엄청나게 향상된 것을 볼 수 있습니다. 한마디로 축구 초보 탈출에 성공했다고 할 수 있습니다.

출연진들이 축구 연습하는 비하인드 영상도 공개가 많이 되었는데 주로 무슨 연습을 할까요? 발에 공을 잘 맞히는 연습, 패스나 슛을 정확히 차는 연습 등을 주로 합니다. 결국 기본기 연습이 대부분입니다.

가르치는 사람들은 모두 국가대표 출신의 레전드 축구선수들입니다. 이 선수들이 설마 다양한 기술을 모르거나 할 줄 몰라서 안 가르쳐 주는 것일까요? 그렇지 않을 것입니다. 누구보다 초보 탈출을 위해서는 기본기가 가장 중요하다는 것을 알고 있기 때문일 것입니다.

마케팅도 마찬가지입니다. 유행과 트렌드에 민감해야 하는 것도 중요하고 항상 관심을 가져야 하는 것은 필요한 일입니다.

다만, 마케팅 초보 탈출을 하고자 한다면 결국 마케팅에서 필요한 기본기를 갈고닦아야 합니다. 마케팅의 첫 번째 기본기가 바로 '사람 이해'입니다. 그리고 사람 이해라는 골을 넣기 위해 배워야 할 기술은 심리학, 뇌과학, 행동경제학 등 사람의 심리와 행동을 이해하기 위한 기본 지식입니다.

현재 하는 마케팅에서 예상과 다른 저조한 성과로 고민을 하고 있다면 가장 먼저 '타깃팅'에서 개선점을 찾아보기 바랍니다. 너무 타깃을 넓게 설정하거나 잘못 설정했을 수 있습니다.

두 번째는 설정한 타깃이 원하는(고민하고 반응하는) 메시지를 제대로 전달하고 있는지를 살펴보기를 바랍니다.

세 번째는 마케팅을 접한 잠재 고객의 행동을 관찰하시기 바랍니다. 의도와 다른 행동을 하고 있다면 그 이유를 찾아 개선해야 합니다.

이제 사람을 이해했다면 다음 단계는 필요한 기본 지식을 쌓는 일입니다. 마케팅을 모르면 생기는 문제에서 말씀드렸듯이 무엇을 잘하려면 알아야 합니다. 모르면서 잘할 수 있는 방법은 없습니다.

Key Message

사람을 이해하기 위한 가장 좋은 방법은 행동을 관찰하고 그 이유를 파악하는 것이다. 기본적인 심리학, 뇌과학, 행동경제학을 배우고 고객의 행동을 관찰해 보자.

03

마케팅 초보 탈출 2단계 : 개념 이해

마케팅에서 알아야 할 기본 지식 또는 개념이라면 어떤 것들이 있을까요?

기본적으로 '마케팅'이 무엇인지부터 알아야 할 것입니다. 그리고 비즈니스 관련 지식도 필요합니다. 생산, 유통, 판매, 경영에 관련된 다양한 용어들도 알아야 합니다.

이렇게 이야기하고 나니 마치 마케팅하려면 정말 많은 것을 알아야 할 것 같습니다. 현장에서 실무를 하다 보면 자주 듣는 마케팅이 어렵다고 느끼는 이유 두 가지 중 첫째는 알아야 할 것도 많다는 것이고 둘째는 변화가 빠르다는 것입니다.

그런데 이렇게 나눠서 생각해 보면 어떨까요?

1. 기본 지식

: 시간의 흐름에도 변화가 없는 지식과 개념에 대한 이해

2. 필요 지식

: 시기와 상황에 따라 알아야 할 지식과 개념에 대한 이해

두 가지 지식을 시간과 상황으로 나누어 보면 기본 지식은 마케팅을 하는 동안 필수적으로 알고 있어야 하는 것이고 필요 지식은 그때그때 상황에 따라 알아야 할 것이 됩니다.

예를 들면 나만의 마케팅을 정의하고 전략과 전술의 차이점을 알고 평소에 자주 사용하는 마케팅 관련 용어에 대한 이해는 필수 지식이라고 할 수 있습니다. 반대로 새로 등장한 소셜미디어 용어나 사용법, 유행어, 트렌드 관련 지식은 필요 지식이라고 할 수 있습니다.

만약 기본 지식에 대한 이해가 부족하다면 제대로 된 업무를 진행하기가 어렵고 문제가 발생되면 상대적으로 큰 문제가 생깁니다. 하지만 필요 지식은 당장 몰라도 큰 문제가 없거나 발생하는 문제도 큰 문제가 아니고 상대적으로 빠르게 습득할 수 있는 지식입니다.

요컨대 만약 마케팅이 어렵다고 느껴질 때 지금 기본 지식이 부족하기 때문인지 필요 지식이 부족하기 때문인지를 구분하면 무엇부터 배워야 할지 알기 쉽습니다.

그리고 필요 지식 때문에 어렵다고 느껴진다면 그것은 어려운 것이 아니라 그저 한 번도 안 해봤기 때문일 가능성이 높습니다. 그러니까 난이도가 아닌 내 지식과 경험이 쌓이지 않았기 때문입니다.

기본 지식은 오히려 처음에는 쉬운 것 같지만, 이해의 깊이와 지식의 넓음에 따라 훨씬 더 어렵고 복잡합니다. 마케팅을 배우겠다고 생각하고 책을 구매한다면 오랜 시간 꾸준히 사람들이 구매하고 추천하는 스테디셀러를 찾게 됩니다. 그리고 그 책들은 대부분 마케팅의 기본과 본질을 다루면서 실용적인 경험과 노하우를 알려 주는 책입니다.

물론 챗GPT나 새로 등장한 소셜미디어에 대한 책들도 많습니다만 결국 그런 책들은 유행이 끝나거나 3년 정도가 지나면 더 이상 사람들이 찾지 않는 책이 될 것입니다.

실무적인 예를 들면 마케팅에 필요한 12개월 예산안을 만든다고 가정해 보겠습니다. 단순히 전체 비용을 12개월로 나누고 다시 1개월마다 일일 예산으로 나누는 것이 예산안이 아닙니다.

제품의 생산과 유통 주기, 성수기와 비수기, 잠재 고객과 트렌드, 미디어 선택과 집중 등에 대한 전반적인 이해가 있어야 주어진 예산을 12개월에 맞춰 정리할 수 있습니다. 단순히 정리하는 것에서 그치는 것이 아니라 그 과정에서 여러 가지 고려해야 할 변수를 생각해야 합니다. 예산안을 만드는 것은 항상 발생되는 일이고 기본 지식에 해당되지만 만약 인스타그램 사용법과 비교한다면 무엇이 더 큰 일이고 어려운 일인지 쉽게 알 수 있습니다.

그래서 주니어급의 직원이 예산안을 만드는 경우는 거의 없고 적어도 책임을 질 수 있는 시니어급의 직원이 예산안을 만들게 됩니다. 물론 익숙하고 단기간의 프로젝트에 대해서는 주니어급의 직원이 담당할 수 있습니다만 이 역시도 몇 번의 가르침과 배움이 있어야 합니다. 그래야 무엇이 중요하고 무엇을 고려해야 하는지를 알 수 있습니다.

단순한 비교지만 예산안을 만드는 것과 인스타그램 사용법 중 무엇이 더 크고 중요한 지식인지는 쉽게 알 수 있습니다.

좀 더 구체적으로 기본 지식에는 무엇이 있고 필요 지식에는 무엇이 있는지 예를 들어 보겠습니다.

- 기본 지식
- 마케팅과 (현재 하고 있는 업종) 비즈니스의 전반적인 지식
: 해당 업계에 대한 큰 그림, 프로세스, 비전, 목적, 방향, 전략과 전술 등
- 자주 사용하는 기본적인 광고와 마케팅 용어, 직무 관련 용어
: IMC, STP, 4P, 바이어 페르소나, CPC, ROAS 등
- 기획, 예산, 집행 등 실무 프로세스 관련 지식
: 컨셉, 카피라이팅, 크리에이티브, 미디어 믹스, USP, TPO 등

- 필요 지식
- 타깃, 제품 관련 최신 트렌드, 유행어, 방송, 음악, 패션, 문

화 등

　　- 타깃 주 이용 온라인, 오프라인 미디어 용어 및 사용법

　　- 타깃 대상 최근 효과적인 마케팅 전술 및 방법

　　: 소셜미디어, 인플루언서, 체험단, 자동화, 이메일, 다이렉트 등

　이외에도 더 많은 예시들이 있지만 이해를 돕기 위해 기본적인 내용을 말씀드렸습니다. 기본 지식과 필요 지식이 무엇인지와 어떻게 구분하는지에 대해서 이해가 되셨으리라 생각합니다. 실무를 하다 보면 필요 지식은 잘 몰라도 대화를 하는 데 큰 무리가 없습니다. 당장의 유행어나 트렌드를 모른다고 해도 잠시의 설명으로 대화를 이어 나갈 수 있습니다. 그리고 전체적인 마케팅과 비즈니스에 대한 이야기에도 무리가 없습니다.

　하지만 기본 지식을 모르면 대화의 시작부터 어려움에 부딪치는 경우가 많습니다. 마케팅의 개념을 설명해야 하고 광고나 세일즈와의 차이점을 이해시켜야 하며 누가 잠재 고객인지 비즈니스에 대한 방향과 목적이 무엇인지 등 이야기해야 할 큰 주제가 많습니다.

　그뿐만 아니라 기본 지식에 대한 이해의 개인차로 인해 어려움이 생기기도 합니다. 얼마나 많이 아느냐도 어려움의 차이가 생기지만 그것보다 어떻게 알고 있느냐에 따라서도 생깁니다.

　만약 누군가와 마케팅에 대해 이야기를 나누게 된다면 우선 기본 지식에 해당되는 것을 이야기하면서 상대방이 이야기하는 내

용에 대한 정의를 어떻게 내리고 있는지를 빨리 파악하는 것이 필요합니다.

예를 들어 만약 상대방이 '마케팅은 광고 같은 것'이라고 정의하고 있다는 것을 알게 되면 그것을 인정하되 우선은 마케팅의 사전적 정의를 먼저 이야기해 주면서 조금 더 이해의 폭을 넓혀 나가야 합니다. 그래야 내가 정의하고 있는 마케팅에 대해 상대방이 이해를 하고 지식의 차이가 있을지언정 비슷한 눈높이에서 대화를 할 수 있습니다.

'왜 그것도 모를까?'라기보다는 '어떻게 얘기해야 이해를 도울까?'를 생각하며 이야기하는 것입니다. 상대방이 쉽게 이해할 수 있는 예를 든다든지 해서 나와 상대방이 이해하고 있는 거리를 좁혀야 합니다.

최근 시작한 '111 마케팅 독서클럽'에서도 책을 통해 마케팅의 큰 개념과 본질에 관련된 기본 지식을 배우고 배운 점을 실행하는 과정을 진행하고 있습니다. 배움을 통해 마케팅에 대한 관점을 넓히고 생각의 깊이를 더해서 결과적으로는 더 나은 판단, 선택을 하는 것이 목적입니다.

평소에는 필요 지식 때문에 마케팅이 어렵다고 생각할 수 있습니다. 하지만 기본 지식을 우선 튼튼하게 만드는 것을 우선으로 하면서 그때그때 필요 지식을 더한다는 생각으로 배워야 오히려 더 빠른 성장이 가능합니다. 문제를 해결할 때는 크고 중요한 문제를 먼저 해결해야 합니다. 기본 지식에 대한 배움이 튼튼하면 나머지는 작고 쉬워 보일 것입니다.

사람 이해, 개념 이해(기본 지식)에 대한 이야기를 했습니다. 이제 마케팅 레벨업 3단계 중 마지막 단계인 가설 검증에 대한 이야기를 말씀드리겠습니다.

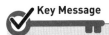

Key Message

모르는 것을 잘하는 방법은 없다. 자주 쓰는 마케팅 용어의 뜻을 아는 것을 시작으로 당장 필요한 마케팅 지식을 배우자.

04

마케팅 초보 탈출 3단계 : 가설 검증

◇◇◇◇◇◇◇◇◇◇◇◇◇◇◇◇◇◇◇◇◇◇◇◇

마케팅은 이론도 중요하지만 실행이 더 중요한 분야입니다.

자신이 배운 것을 실행해서 직접 검증하지 않는다면 마케팅 지식이 얼마나 많으냐와 관계없이 마케팅 문제 해결과 실력 향상은 불가능합니다. 앞서 말씀드렸듯이 아는 것과 안다고 생각하는 것은 큰 차이가 있습니다.

다시 한 번 제가 정의하는 아는 것과 안다고 생각하는 것의 차이를 말씀드립니다. '아는 것'은 '자신이 실행할 수 있고 누군가를 가르칠 수 있는 것'입니다. 그렇지 못하다면 즉, 안다고 생각하는 것은 결국 모른다는 것이라고 생각합니다. 얼마나 잘 아느냐와는 별개의 문제입니다.

여기서 이야기하는 '가설 검증'이라는 것은 내가 배워서 머리로는 알고 있지만 아직 실제로 해보지 않았던 것을 실행해 보는 것을 의미합니다. 바꿔 말하면 내가 상상하고 계획하고 아이디어 차원의 생각을 실무에서 직접 경험해 보고 그 과정에서 배움을 얻는 것입니다.

가설 검증을 위해서는 몇 가지 실무적인 단계를 거쳐야 합니다. 저의 책『마케팅 모르고 절대 사업하지 않습니다』와 마케팅블록시스템 홈페이지에서도 소개드리는 9가지 마케팅블록시스템이 그것입니다.

9가지 질문으로 구성된 마케팅블록시스템

마케팅블록시스템은 마치 레고의 브릭으로 다양한 작품을 만들듯이 9개의 질문으로 구성된 마케팅블록을 활용해 자신만의 마케팅 전략을 세우고 문제점을 파악하는 목적의 프레임워크입니다.

- **첫 번째 마케팅블록**(상품, 제품) : 어떤 가치를 제공할 것인가?
- **두 번째 마케팅블록**(잠재고객) : 누구를 만족시켜 줄 것인가?
- **세 번째 마케팅블록**(해결할 문제) : 왜 사거나 사지 않는가?
- **네 번째 마케팅블록**(목적과 목표) : 무엇을 원하는가? 몇 명이 대상인가?

- **다섯 번째 마케팅블록(전략과 전술) : 큰 그림과 실행방법은?**
- **여섯 번째 마케팅블록(컨셉과 콘텐츠) : 무엇을 이야기할 것인가?**
- **일곱 번째 마케팅블록(예산) : 얼마를 쓸 것인가?**
- **여덟 번째 마케팅블록(미디어) : 어디서 실행할 수 있는가?**
- **아홉 번째 마케팅블록(일정) : 언제까지 실행할 수 있는가?**

어떤 마케팅 전략과 전술을 준비하더라도 위의 9가지 질문에 대한 답을 할 수 있어야 합니다. 간단한 예를 들어 신제품 출시 후 체험단을 모집하는 광고와 마케팅을 하기로 했다고 가정하겠습니다.

- **첫 번째 마케팅블록 :** 체험단에게 제공할 상품과 상품에 대한 소개, 설명 그리고 보상을 준비해야 합니다. 여기서 중요한 부분은 '상품에 대해 어떻게 말하게 요청할 것인가'입니다. 결국 이것이 잠재 고객에게 전하고 싶은 메시지이기 때문입니다. 한 가지 팁을 드리면 잠재 고객이 상품을 어떻게 사용하면 어떤 문제와 고민을 해결할지를 명확하게 표현하는 내용과 방법이 들어가야 한다는 것입니다.

- **두 번째 마케팅블록 :** 체험단 선정은 정량적 수치만을 기준으로 해서는 안 됩니다. 정량적 수치란 팔로워 수, 구독자 수, 방문자 수 등입니다. 체험단 선정의 첫 번째 기준은 선정하는 체험단이

잠재 고객이거나 최소한 잠재 고객들과 소통을 하고 있는가입니다. 정량적 수치만을 보고 선정한다면 결국 실질적인 성과에서는 아무 효과가 없는 경우가 생깁니다. 즉, 겉으로 보이는 수치는 높을지 몰라도 알고 보면 신뢰가 없어서 잠재 고객에 대한 관심과 반응을 유도하지 못하는 사람일 수 있다는 뜻입니다.

• 세 번째 마케팅블록 : 여기서는 체험단을 통해 기존의 소비자가 자사 상품을 구매하기 전에 고민하는 부분에 대한 해결책을 제시해야 합니다. 만약 상품의 크기가 커서 부담스럽다고 느끼는 소비자가 있다면 반대로 상품의 크기가 크기 때문에 문제 해결을 한 번에 할 수 있다든지, 가격에 대한 저항이 있다면 성능과 스펙을 강조하여 오히려 싼 게 비지떡이기 때문에 자사 상품을 구매하는 것이 현명한 선택이라는 점을 이야기할 수도 있습니다. 또한 기존의 소비자들이 자사 상품을 구매하는 이유와 후기를 포함해서 구매 동기를 자극하는 사회적 증거로 활용해야 합니다.

• 네 번째 마케팅블록 : 체험단 운영의 목적은 최종적으로 구매 페이지로 잠재 고객을 유도하는 것입니다. 이후의 구매 여부는 여러 가지 요소가 작용하기 때문입니다. 목표는 체험단을 통해 몇 명의 잠재 고객을 유입할 것인가에 대한 것입니다. 따라서 체험단에게 제공하는 가이드에는 당연히 최종 목적지에 대한 링크와 소개가 포함되어야 합니다.

• 다섯 번째 마케팅블록 : 체험단을 어떤 광고로 모집을 할 것인지, 어디서 모으고 선정할 것인지, 선정의 기준은 무엇인지 등 전체적으로 체험단을 기획하고 운영하는 방향과 방법이 정리되어야 합니다. 예를 들면 IT 제품이라면 활성화된 커뮤니티, 카페를 통해서 모집하는 방법도 있을 것입니다. 또는 자사 상품 관련 체험단을 잘 운영하는 전문 업체, 플랫폼을 이용하는 것도 방법이 될 수 있습니다.

직접 광고를 통해 모집을 하는 경우의 한 가지 팁을 드린다면 모집을 위한 광고 카피에는 단순히 체험단을 모집한다는 내용 외에 잠재 고객의 문제 해결에 대한 문구가 포함되면 좋습니다. 참여 방법에서 자사에서 고민하고 있는 소비자 설문조사 이벤트를 참여하게 하는 것도 좋습니다. 이를 위해서는 참여자 대상 작은 선물을 제공하여 적극적인 참여를 유도하는 방법을 추천드립니다.

• 여섯 번째 마케팅블록 : 체험단을 모집하는 경우는 모집 광고의 컨셉과 카피라이팅이 있고 모집 광고 자체가 콘텐츠가 됩니다. 비교적 규모가 큰 이벤트로 진행을 한다면 영상 등 다양한 형태로 콘텐츠를 만들 수도 있습니다. 단순히 "체험단을 모집합니다"라고 하는 것이 아닌 우리 상품으로 문제 해결을 하고 싶은(할 수 있는) 잠재 고객의 관심과 호기심을 만들기 위해 어떻게 하면 좋을지를 고민해야 합니다. 바꿔 말하면 모집 광고와 그 과정이 잠재 고객에게 관심을 끌고 입소문이 날 수 있는 컨셉과 콘텐츠를 고민

해야 한다는 뜻입니다.

• 일곱 번째 마케팅블록 : 체험단 모집과 운영에 투자 가능한 예산에 따라 전체 규모와 일정 등이 결정됩니다. 따라서 예산은 전체 체험단 모집의 시작부터 끝까지의 모든 과정에서 고려해야 할 요소입니다. 예를 들면 1억 원의 예산으로 할 수 있는 체험단 모집이 있을 것이고 100만 원의 예산으로 할 수 있는 체험단 모집이 있을 것입니다.

따라서 예산의 규모에 맞춰 어떤 전략과 전술이 가장 효율적일지를 고민하는 것이 필요합니다. 아이디어 자체가 훌륭할지라도 실현 불가능하다면 실무에서는 큰 의미가 없습니다. 다만 아이디어의 과정과 노력 자체가 의미 없다는 뜻은 아닙니다. 실행을 위한 마케팅이라는 측면에서 예산과 일정을 고려하지 않는 실무는 오히려 뜬구름 잡기가 될 수 있다는 뜻입니다.

• 여덟 번째 마케팅블록 : 앞서 전략과 전술 부분에서 고려해야 할 것 중 하나는 바로 '어디서(미디어, 매체)'입니다. 온라인에서 모집 이벤트를 진행한다고 예를 들면 어느 커뮤니티, 카페, 소셜미디어에서 잠재 고객이 가장 활발히 활동하는지를 파악하고 거기서 체험단 모집을 시작하는 것입니다.

그리고 예산에 여유가 있다면 다수의 잠재 고객을 대상으로 노출을 확대하는 목적의 미디어가 있고 집중된 소수의 잠재 고객을 대상으로 하는 목적의 미디어를 병행하는 것도 좋습니다. 다수의 노출을 통해서 인지를 확대하는 목적이 있고 집중을 통해 핵심 타깃을 유입시키는 것입니다.

자동차를 좋아하는 사람은 많을 것입니다. 하지만 자동차를 리뷰할 정도의 지식과 경험이 있는 사람은 상대적으로 적을 것입니다. 따라서 남성들이 주로 방문하고 이용하는 미디어에 모집 광고를 하고 자동차 동호회 카페에서 구체적인 참여 방법을 안내하는 것을 병행하는 것을 예로 들 수 있습니다.

• 아홉 번째 마케팅블록 : 일정에 따라 예산과 규모가 달라지기도 합니다. 그리고 일정에 따라 할 수 있는 것과 할 수 없는 것이 나뉘기도 합니다. 또한 일정에 따라 결과도 달라질 수 있습니다. 그만큼 일정은 중요합니다.

새로 출시하는 아이스박스 체험단을 모집한다고 가정한다면 가장 적기는 날씨가 조금씩 더워지고 본격적인 야외활동이 많아지기 전입니다. 봄, 여름, 가을이 지나 눈이 내리기 시작하는 시기에는 상대적으로 외부활동이 줄어들게 마련입니다. 그런데 이때 신상품을 출시하고 체험단을 운영하는 것은 같은 예산이라고 하더라도 잠재 고객이 아이스박스를 찾는 시기를 놓쳤기 때문에 그 결과는 상대적으로 저조할 수밖에 없습니다.

결국 일정은 상품의 출시, 유통과도 연관되었지만 그 상품의 잠재 고객의 관심사와도 밀접하게 연관되어 있습니다. 아이들의 방학과 신학기, 주요 명절, 계절이 바뀌기 전후 등 시즈널 이슈도 함께 고려해야 합니다.

지금까지 9가지 마케팅블록으로 체험단을 운영한다고 할 때 필요한 실무적인 질문과 답변을 간단히 알아보았습니다. 마케팅은 결국 사람을 대상으로 하는 일이기 때문에 예상을 벗어나는 다양한 변수와 이벤트가 발생합니다. 그래서 기본적인 큰 변수에 대한 대응 매뉴얼을 준비해 두면 담당자가 누구라도 공통되고 일관된 대응이 가능합니다.

작은 기업의 경우 준비가 안 되어 있거나 예상치 못한 일이 많을 수 있습니다. 이런 경우를 위해서 '노션' 등 간단히 내부 공유가 가능한 서비스를 이용해서 매번 경험할 때마다 대응 방안을 기록하는 것도 좋은 방법입니다. 마케팅을 위한 내부 FAQ라고 할 수 있습니다.

잠재 고객의 심리를 이해하고 마케팅 기본 지식을 배웠다 하더라도 가설 검증의 과정이 없이는 아직 아는 것이라고 할 수 없습니다.

직접 실행을 통해 배우고 배운 것을 다른 사람에게 가르쳐 주고 공유하는 과정을 거친 후에야 비로소 내가 아는 것이 됩니다. 실행까지 완료해야 진짜 배웠다는 것을 잊지 말아야 합니다.

Key Message

아무리 많은 마케팅 지식과 좋은 아이디어라도 직접 실행해서 검증하지 않는다면 의미가 없다. 배운 것을 직접 실행하고 결과를 확인한 후 과정을 개선해 보자.

DAILY MARKETING

PART 4

하루 10분
마케팅 습관으로
초보 탈출

하루 10분, 6개월 30시간,
1년 60시간

TOP NEWS

하루 10분 마케팅 습관으로 쌓는
복리의 힘

◇◇◇◇◇◇◇◇◇◇◇◇◇◇◇◇◇◇◇◇◇◇◇

　복리의 힘을 아는 분은 많을 겁니다. 원금에 이자가 다시 원금으로 더해지기 때문에 시간이 갈수록 처음의 증가폭보다 훨씬 더 큰 증가폭이 생기는 방식입니다.

　우리의 습관도 마찬가지입니다. 습관도 복리의 효과로 돌아옵니다. 하루 10분 마케팅을 배우고 실행하더라도 처음에는 큰 차이를 느끼기 어렵습니다. 하지만 시간이 갈수록 스노우볼 효과를 만들어 시작할 때는 상상하지 못했던 큰 효과를 만들어 냅니다.

　예를 들면 하루 10분 소셜미디어 콘텐츠 만드는 법을 배운다고 가정하겠습니다. 처음에는 며칠이 걸려 한 개의 콘텐츠를 만들겠지만, 시간이 갈수록 만드는 속도가 빨라집니다. 또한 한 개의 콘텐츠에 반응하는 숫자가 처음에는 크지 않겠지만 콘텐츠가 쌓일수록 시너지 효과를 만들어 내기 시작합니다. 콘텐츠가 마음에 들면 다른 콘텐츠를 찾아보게 되고 팔로우가 늘어나기 시작하면서 노출이 확대됩니다.

하루 10분으로 뭘 할 수 있느냐 생각만 하고 있던 사람과 하루 10분이라도 마케팅을 배우고 실행에 옮긴 사람의 차이가 처음에는 크지 않겠지만 6개월이 지나면 30시간 차이가 나고 1년이면 60시간 차이가 납니다. 복리의 힘은 시간이 갈수록 그 차이를 더 크게 만들어 줍니다.

로버트 마우어의 『아주 작은 반복의 힘』에서 변화를 위한 전략으로 '스몰 스텝 전략'을 이야기합니다.

줄리라는 여성에게 '하루 30분 운동하라'가 아닌 텔레비전 앞에서 하루 1분씩만 걸어 보라고 하였습니다. 하루 1분 걷는 것은 누구나 할 수 있는 일이었기 때문에 줄리는 천천히 건강한 삶을 향해 나아갈 수 있도록 이끌었고 보다 체계적인 운동에 관심을 보이기 시작했으며, 본격적인 유산소 운동을 하고 싶어 하게 만들고, 결과적으로 규칙적이고 열성적으로 그것을 해내게 했습니다.

여기서 제가 이야기하는 하루 10분 마케팅 습관의 개념도 위의 이야기와 유사합니다. 앞서 이 책에서 읽었던 마케팅에 대한 A to Z를 생각하면 너무 할 것이 많고 부담스럽게 다가올 수밖에 없습니다.

제가 알려드린 공부법 역시도 부담스럽게 느낄 수 있습니다.

그럴 땐 딱 하루 10분만 TV와 핸드폰을 끄고 책을 읽고 노트에 필기하는 것을 추천해 드립니다. 10분은 라면 1개 끓여 먹을 시간보다도 짧은 시간입니다만 하루 10분이 일주일 쌓이면 70분이고 30일이 쌓이면 300분입니다. 시간으로는 5시간입니다. 하루에 10분씩 마케팅 책을 읽는다면 한 달에 한 권의 책을 읽는다는 뜻이 됩니다. 그리고 이것을 1년 동안 반복하면 12권의 책을 읽을 수 있습니다.

단순히 12권의 책을 읽는 것에서 그치는 것이 아닙니다. 그 과정에서 생각과 관점이 넓어지고 실무에서도 배움을 적용할 수 있기 때문에 하루 10분의 효과는 은행 이자의 복리처럼 그 효과가 점점 불어나게 됩니다.

운동으로 바꿔서 생각해도 마찬가지입니다. 하루 6시간 동안 운동하는 것과 하루 10분씩 한 달 동안 운동하는 것 중 어떤 것이 더 효과가 클까요? 당연히 한 달 동안 매일 꾸준히 하는 것이 효과가 더 큽니다. 저 역시 10kg 감량을 목표로 운동을 매일 하면서 하루 운동량을 노트에 직접 점검해 보았기 때문에 잘 알고 있습니다.

마케팅을 배우기로 했다면 처음 시작은 하루 10분만으로도 충분합니다. 중요한 것은 하루 10분을 매일 하는 것입니다. 어느 날은 마케팅을 공부하는 것이 재미가 있어 10분이 30분이 되고 1시간이 될 것입니다. 포기하지 않기 위해서는 실행의 단위가 작아야 합니다. 쉽게 할 수 있는 작은 성공이 반복되면 조금 더 큰 일과 더 큰 성공을 만들 수 있습니다.

하루 10분 마케팅 습관은 작은 반복의 힘을 만드는 과정을 의미합니다.

이번 달 마케팅 공부 목표를 잘게 나누어 하루 10분으로 실행할 수 있도록 계획을 세워 보기를 바랍니다. 한 달 동안 매일 하루 10분만 지킬 수 있다면 분명 다음 달은 더 큰 목표에 도전할 수 있으리라 장담합니다.

이 장에서 말하고 싶은 이야기는 이것입니다.
"더도 말고 덜도 말고, 하루 10분 마케팅 습관을 반복하라"

Key Message

하루에 10분이라도 마케팅을 배우는 사람과 그렇지 않은 사람의 차이는 지금이 아닌 6개월, 1년 뒤에 나타난다. 그리고 시작이 늦을수록 그 차이는 점점 더 커진다.

작은 시작, 작은 성공으로
마케팅 습관 만들기

◇◇◇◇◇◇◇◇◇◇◇◇◇◇◇◇◇◇◇◇◇◇

『아주 작은 습관의 힘』의 저자 제임스 클리어는 그의 책에서 습관의 중요성에 대해 이렇게 말했습니다.

"성공은 일상적인 습관의 결과다. 우리의 삶은 한순간의 변화로 만들어지는 것이 아니다. 중요한 건 우리가 가지고 있는 습관이 성공으로 가는 경로에 있느냐는 것이다. 현재 일어난 결과보다 지금 어디에 서 있느냐가 훨씬 더 중요하다. 결과는 그동안의 습관이 쌓인 것이다."

마케팅 습관 만들기도 기본적으로 습관의 중요성에서 시작합니다. 바꿔 말하면 마케팅 실력 향상과 더 나은 마케팅 성과를 만들기 위해서는 올바른 마케팅 배우기를 습관화해야 한다는 뜻입니다. 그리고 좋은 습관은 그냥 만들어지지 않습니다. 좋은 결과를 만들기 위해서는 좋은 습관을 만들기 위해 노력해야 합니다.

운동도 단기간에 성과가 나타나지 않는 것처럼 마케팅 습관도 단기간에 성과가 나타나지 않습니다. 일정량의 배움과 실행을 반복하고 임계치가 넘어서는 순간 그때부터 배움과 실행의 결과가 나오기 시작합니다.

다수의 습관 전문가들이 공통적으로 이야기하는 좋은 습관을 만드는 방법이 있습니다.

바로 "작게 시작하는 것"입니다.

커다란 목표를 잘게 나누어 실행이 가능한 수준으로 작게 만듭니다. 예를 들면 1권의 마케팅 책을 읽기가 목표라면 하루에 1페이지 읽기로 시작하는 것입니다. 독서가 생활화되어 있지 않고 책을 읽는 것 자체가 부담될 때도 있습니다. 그것 때문에 마케팅 배우기를 쉽게 도전하지 못하고 시작하기도 전에 포기하는 때도 있습니다. 그래서 목표를 잘게 나누는 것이 중요합니다. 하루 1페이지 읽기라면 누구라도 도전해 볼만한 목표입니다. 또한 부담을 느끼지 않은 양입니다.

목표를 잘게 나누는 것의 다른 장점은 '성취감'을 느낄 수 있다는 것입니다. 하루 1페이지를 매일 읽는 것을 1주일 성공했다면 다음 1주일도 성공하기가 쉬워집니다. 목표한 것을 '할 수 있음'이라는 자신감이 생깁니다.

『아주 작은 반복의 힘』의 저자 로버트 마우어는 이렇게 목표를 향해 작은 한 걸음을 내딛는 것을 '스몰 스텝'이라고 소개합니다. 덧붙여 "가장 단순하고, 가장 쉬운 것부터 시작하라!"며 변화를 위한 대안적인 전략을 강조하였습니다.

우리 속담에도 비슷한 표현이 있습니다. "천릿길도 한 걸음부터"입니다. 무슨 일이든 시작이 중요하다는 의미를 담고 있습니다. 바꿔 말하면 좋은 습관 만들기는 시작이 부담스럽지 않고 거부감을 느끼지 않으며 실행할 수 있는 것이어야 한다는 뜻입니다.

목표를 잘게 나누어 작게 시작하고 작게 성공하기 위해서는 나를 둘러싼 환경도 중요합니다. 영어를 잘하기 위해서 영어를 쓸 수밖에 없는 외국에서 생활하거나 외국인 친구를 만나거나 하는 것도 비슷한 이유입니다.

좋은 마케팅 습관을 만들기 위해 아래 5가지 환경설정을 추천드립니다.

(1) 마케팅을 공부하는 사람들과 함께하기
(2) 일상과 주변에 마케팅 환경 만들기
(3) 작은 마케팅 활동을 반복하기
(4) 작은 마케팅 성과를 반복하기
(5) 마케팅 배움의 과정, 활동과 결과를 기록하기

혹자는 습관 만들기는 의지에 달려 있다고도 합니다. 하지만 제 생각은 다릅니다. 습관 만들기는 내 의지나 감정과 상관없이 행동할 수밖에 없는 환경을 어떻게 설정하느냐에 달려 있다고 생각합니다. 금연을 위해서는 담배를 눈앞에 두고 의지로 참는 것보다 담배가 없는 환경이 우선입니다. 걷기를 위해서는 차를 두고 이동하는 것이 우선입니다.

마케팅 습관도 마찬가지입니다. 마케팅 이야기를 할 수밖에 없는 그룹에 속하고 가방에 마케팅 책을 넣고 눈에 띄는 곳에 마케팅 책을 두고 이동할 때는 마케팅 관련 유튜브 영상을 보고 배우고 실행한 것을 기록하는 활동을 통해서 마케팅 습관을 만들 수 있는 환경으로 만들어야 합니다.

111 마케팅 독서클럽의 멤버 한 분은 일본 출장을 가면서 마케팅 책 한 권과 테블릿pc에 마케팅 전자책을 담아 갔습니다. 이동 중에는 전자책을 보고 카페에서는 종이책을 보며 독서 내용을 채팅방에 공유하였습니다.

마케팅 습관을 만들기 위해서는 한 번에 많은 양을 하는 것이 중요한 것이 아니라 작은 것을 반복하기가 중요합니다. 작은 시작과 함께 중요한 것은 작은 성과입니다.

여러 가지 방법으로 마케팅을 했음에도 성과가 나지 않는다며 포기하고 다른 방법을 찾는 경우도 있습니다. 물론 마케팅 전략이나 전술에 문제가 있는 때도 있습니다. 하지만 일부는 작은 성과를 무시하거나 작은 성과가 나오기도 전에 포기하는 경우가 있습니다. 큰 예산을 투자하는 경우가 아니라면 단기간의 적은 예산과 활동으로 마케팅 성과가 드라마틱하게 큰 성과를 만드는 경우는 거의 없습니다. 예산이 적다면 기간과 노력이 그만큼 투자되어야 합니다. 마케팅에는 공짜가 없습니다.

따라서 마케팅 습관을 만들기 위해서는 우선 목표를 낮춰 잡아야 합니다. 그래야 작더라도 성과를 만들 수 있습니다. 예를 들면 1,000명의 방문자가 목표라면 10명의 방문자를 목표로 합니다. 10명을 달성하면 이제 20명을 목표로 합니다. 그만큼의 작은 시작과 작은 성과를 반복하면서 더 나은 방법과 개선점을 찾는 것에 집중합니다.

작은 성과가 점점 유의미해질 때까지 포기하지 않고 반복해야 합니다. 그래야 그 과정에서 어떤 마케팅 활동이 큰 성과를 낼 수 있는 시작이 될지를 알 수 있습니다. 아무리 좋은 아이디어와 큰 예산이 있다고 하더라도 그것이 원하는 결과를 만들어 줄 것이라는 보장은 없습니다.

왜냐하면 TV에서 광고하는 모든 제품은 그 비용만큼 성과를 내야 하지만 사실은 그렇지 않기 때문입니다. 마케팅 활동에는 예산이 필요한 것이 맞지만 제품부터 고객관리까지 모든 과정에 변수가 있는 활동입니다.

따라서 작은 시작과 작은 성과를 목표로 마케팅 습관 만들기가 우선입니다.

오늘부터 내 주변 환경을 마케팅 습관을 위한 환경으로 세팅하고 목표를 잘게 나눈 작은 시작을 해보기 바랍니다.

Key Message

좋은 마케팅 습관을 만들기 위해서는 '누워서 떡 먹기'만큼 쉬운 시작과 쉬운 성과를 목표로 해야 한다. 목표의 크기가 아니라 행동의 시작이 더 중요하다.

03

신입 마케터의 초보 탈출기

배울 땐 알겠는데 직접 하려면 쉽지 않은 이야기를 해보겠습니다.

우리가 누군가를 또는 무엇에 초보라는 말은 처음 하거나 아니면 이제 막 시작한 단계를 의미할 때 사용합니다.

여기 이제 막 회사의 마케팅팀에 입사한 신입사원 A가 있습니다. 입사 전에 다른 회사에서 인턴으로 3개월 정도 일했습니다. 주로 제품 홍보 글을 쓰거나 소셜미디어, 홈페이지를 관리했습니다. 마케팅을 누군가에게 배우거나 따로 책이나 강의를 읽고 보며 배운 적은 없습니다.

한마디로 마케팅 초보입니다. A의 초보 탈출이 빠를수록 본인과 팀에게 서로 득이 됩니다. 이제부터 몇 가지 단계를 거쳐 초보 탈출을 할 수 있도록 도와야 합니다.

우선 A의 환상부터 깨야 합니다. 광고와 마케팅을 하는 사람이라고 하면 뭔가 눈이 번쩍 떠지는 창의적이고 기발한 아이디어를 현실로 만드는 일만 할 것 같고, 이 일을 잘 모르는 사람들이 조금만 추켜세워 줘도 스스로 우쭐해서 자신이 마치 대단한 일을 하는 사람이라고 착각하기 쉽습니다.

반대로 너무 소극적인 태도라면 그 역시도 좀 더 적극적인 자세를 가르쳐 줘야 합니다. 광고와 마케팅을 하려면 내부적으로 외부적으로 소통을 해야 할 일이 많습니다. 자기 생각을 다른 사람 앞에서 논리적으로 설명할 줄도 알아야 합니다. 자신이 없어 보이면 고객이나 파트너를 대할 때 신뢰를 주기 어렵기 때문입니다.

따라서 아는 것보다 너무 자만하는 자세도 조심해야 하지만 아는 것에 비해 너무 소극적인 자세도 조심해야 합니다.

두 번째로 관점을 바꿔 줘야 합니다. 자기중심 사고에서 고객 중심 사고를 할 수 있도록 해야 합니다. 그 과정에서 자기 생각에 대한 객관화 연습이 필요합니다. 그래야 내가 하고 싶은 말, 보여 주고 싶은 것이 아니라 고객이 듣고 싶어 하는 말, 보고 싶어 하는 것을 우선 할 수 있습니다.

세 번째로 마케팅에 대한 기본 지식을 가르쳐 줘야 합니다. 초보는 처음이고 능숙하지 못한 것입니다. 능숙하지 못하다는 것은 잘하는 방법을 아직 모른다는 것이고 잘할 수 있는 만큼 경험이 쌓이지 않았다는 뜻입니다. 경험은 일하면서 많아지게 되는 것이므로 기본 지식을 배우면서 이론을 실무에 적용하는 과정을 거쳐야 합니다.

네 번째로 실제 업무의 과정과 방법을 배워서 질보다 양을 추구해야 합니다. 잘한다는 것은 잘하는 방법으로 그만큼 많이 해봤다는 뜻입니다. 마케팅 지식을 늘려 나가는 것을 지속함과 동시에 실무의 양을 늘려서 경험을 되도록 많이 쌓아야 합니다.

당연히 처음부터 잘 되지 않을 것이고 본인의 상상이나 눈높이만큼 좋은 결과물이 나오지 않을 수 있습니다. 그러나 이것은 누구나 겪는 과정이고 고민해야 할 문제는 과정의 방향이 제대로 되어 있는지와 내가 그 방향으로 가고 있는지를 판단하는 능력을 키우는 것입니다.

다섯 번째로 피드백을 주거나 받아야 합니다.

피드백은 두 가지 방법이 있습니다. 자신 자신의 피드백과 다른 사람의 피드백입니다.

자신의 피드백은 글쓰기와 책 쓰기로 비유하면 '수정하기, 퇴고'입니다. 자신의 생각과 결과물에 대해 잠시의 시간을 두고 다시 한 번 살펴보는 것입니다. 헤밍웨이는 "모든 초고는 쓰레기다"라고 했습니다.

마케팅도 마찬가지입니다. 처음 드는 멋진 아이디어와 결과물은 하루 정도의 시간을 두고 묵혀 두었다가 다시 한 번 살펴보면 다르게 보일 때가 있습니다. 꼭 하루가 아니더라도 잠시 몰입에서 빠져나와 객관적으로 바라볼 시간이 필요합니다.

다른 사람의 피드백은 나만의 생각이 아닌 고객, 타인의 관점에서 내 아이디어와 결과물을 느끼는 감정과 생각을 말합니다. 내가 미처 생각하지 못했던 다른 각도의 관점에서 내 아이디어와 결과물에 대한 의견을 들어 보고 더욱 날카롭고 목적에 집중하여 다듬는 과정입니다.

두 가지 피드백을 통해 처음의 내 아이디어와 결과물이 목적달성에 적합하다는 더 확고한 생각을 가질 수도 있습니다. 한편으로는 새로운 아이디어를 접목하거나 방향을 바꿔 더 좋은 결과물을 만들 수도 있습니다. 어떤 경우라도 초보 탈출을 위해서는 더 자주 더 많은 피드백이 필요합니다.

총 다섯 단계를 반복하며 경험의 시간이 늘어나면 모든 과정이 점점 내재화되며 스스로 더 나은 판단을 할 수 있게 됩니다.

정대리는 자신의 지식과 경험보다 자신감이 넘치는 사람입니다. 박대리는 오히려 가진 것보다 보여 주는 데 소극적인 사람입니다. 요즘 자주 하는 표현으로 MBTI가 다른 사람입니다. 두 사람의 초보 탈출을 위해 지나야 하는 과정은 동일하더라도 그 방법은 조금 다릅니다. 사람의 성향과 배경에 따라 더욱 효과적인 방법이 있기 때문입니다.

간단한 예를 들면 정대리에게는 꼼꼼하고 디테일한 업무 체크리스트를 가르쳐 주어 자신감을 뒷받침할 수 있는 논리적인 근거를 준비하는 방법을 가르쳐 줘야 합니다. 박대리에게는 자기 생각과 결과물을 다른 사람 앞에서 말할 수 있는 기회를 많이 만들어 줘야 합니다. 또는 다른 사람이 자기 생각을 말하는 것을 자주 보게 해야 합니다. 즉, 벤치마킹할 수 있는 롤모델을 따라 할 수 있도록 도와줘야 합니다.

두 사람이 6개월 동안 초보 탈출을 위해 했던 활동을 말씀드립니다.

1. 매주 마케팅 책 1권을 읽고 1장짜리 핵심 메시지와 느낀 점 쓰기

2. 1장짜리 후기를 다른 사람 앞에 발표하고 질문에 답변하기

3. 온라인 또는 오프라인에서 현재 직무와 관련된 강의, 자격증 코스 과정 수강하기

4. 일상 업무에서 체크 리스트 또는 매뉴얼에 따라 최종 결과물을 내보내기 전에 한 번 더 점검하기

5. 온라인과 오프라인에서 다른 사람, 기업의 마케팅 활동과 결과물 벤치마킹하고 보러 가기

6. 사람 관찰하기, 출퇴근 시간 동안 사람들의 행동을 관찰하며 무엇을 입고, 먹고, 보고 있는지를 의식적으로 목적 있는 관찰하기

7. 최신 유행, 인기 있는 영화, 드라마, 애니메이션, 예능, 음악 등 문화 관련 콘텐츠 듣고 보기

8. 광고와 마케팅 용어 리스트를 만들어 이해되는 것은 지우고 모르는 것은 추가하며 업무적인 의사소통의 배경지식 쌓기

9. 이메일과 문서 작성법, 명함 주고받기, 대화법 등 사람을 대하는 모든 방법의 예절과 기본 양식 배우기

10. 보고서, 제안서, 카피라이팅 관련 글쓰기 배우기

이외에도 여러 가지 구체적인 활동이 있었지만, 기본적으로는 위의 활동을 6개월 하고 나자 더 이상 '기본'에 대한 이야기는 다른 사람에게 듣지 않아도 되는 수준이 되었습니다. 자신이 무엇이 부족한지, 무엇을 해야 할지를 알고 스스로 찾아 할 수 있게 되었습니다.

신입 마케터의 초보 탈출을 위해서는 필요한 기본 지식과 구체적인 행동이 머리와 몸에 익숙해질 때까지의 시간만큼(최소 6개월~1년)을 지속해야 합니다. 결국 신기하고 기발하고 대단한 한방의 꼼수와 비법은 없습니다. 있다고 하더라도 나 자신이 그것을 감당할 준비가 안 되어 있습니다.

잘 몰라서 답답하고 어떻게 해야 할지 방향을 찾지 못하고 있다면, 그것은 이제 막 초보 탈출을 위한 터널에 들어섰기 때문입니다. 따라서 일단 계속 앞으로 걸어가는 것이 중요합니다. 다시 뒤로 돌아 나와서 터널을 돌아갈 방법은 없는지, 뛰어넘을 수는 없는지, 다른 터널은 없는지 찾는 것이 오히려 시간 낭비입니다.

어두운 곳에 처음 들어가면 눈이 적응할 때까지 시간이 필요

하듯이 초보 탈출은 시간이 필요한 걸 받아들여야 합니다. 내가 급하다고 서두른다고 갑자기 능력과 경험이 올라가는 법은 없습니다.

무엇보다도 기본에 충실하고 지금의 시간이 이미 내가 성장하고 있는 과정이라고 믿고 꾸준히 작은 성과 만들기를 반복하는 것이 중요합니다. 지금의 답답함은 내가 롤모델로 삼는 누군가, 동경하는 누군가도 과거에 느꼈던 감정임을 이해하면 내가 해야 할 일은 지금의 노력보다 2배 아니 10배로 노력해서 어쩔 수 없이 지나야 하는 시간을 조금이라도 더 앞당겨 보는 것이 현명한 판단입니다.

정대리와 박대리는 몇 년의 경험을 더 쌓은 후 각각 다른 기업의 마케팅팀 팀장이 되었고 자신이 초보 시절 들었던 이야기를 이제는 다른 초보에게 하고 있습니다.

Key Message

과정을 건너뛰고 결과로 가는 방법은 없다. 잘하고 싶다면 노력의 과정은 필수다. 롤모델을 선택하고 그가 한 것처럼 따라해 보자.

04

안 하는 것과
못 하는 것의 차이

◇◇◇◇◇◇◇◇◇◇◇◇◇◇◇◇◇◇◇◇◇◇◇◇

아는 것과 모르는 것을 구분할 줄 안다면 다음 단계에서는 안 하는 것과 못 하는 것을 구분할 줄 알아야 합니다. 바꿔 말하면 일상의 다양한 마케팅 상황에서 판단을 잘할 줄 알아야 한다는 뜻입니다.

놀이터에서 형들을 따라 놀고 있는 3~4살 어린이를 생각해 보겠습니다. 형, 누나들이 뛰고 달리고 하며 노는 것을 따라 하다가 넘어져서 우는 모습을 쉽게 볼 수 있습니다. 아이의 눈에는 자신도 할 수 있다고 생각해서일지 모르나 실제로는 그렇지 않다는 것을 그 아이 빼고는 모두 알 수 있습니다.

마케팅 실무에서도 마찬가지입니다. 더 나은 판단을 할 수 있는 지식과 경험이 충분한 시니어 직원이 볼 때 주니어 직원이 지금 하려는 일은 결과가 눈에 보이는 일이 있을 때가 있습니다. 예를 들면 현재 직원의 역량과 내외부적인 환경을 고려할 때 좋은 결과가 나오기 힘든 일을 할 때가 그렇습니다. 이것은 열정과 의지의 문제가 아닙니다.

조언에도 불구하고 무리한 일 추진으로 결국 책임지지 못할 결과를 만들 때도 있습니다. 물론 큰 문제가 생기기 전에 시니어 직원이 제대로 가이드를 주고 도와야 합니다만 일이라는 게 항상 그럴 수만도 없습니다.

할 수 있는데 안 하는 것과 할 수 없기에 못 하는 것을 잘 구분할 줄 아는 수준이 되려면 어떻게 해야 할까요?

단순히 업계에서의 근무 시간이 오래되었다고 해서 그것을 구분할 줄 아는 것은 아닙니다. 그럼에도 불구하고 물리적인 경험의 시간이 필요한 것은 시간이 지남에 따라 경험할 수 있고 자연스럽게 배울 수 있는 일들이 있기 때문입니다.

하지만 그 오랜 시간을 어떻게 보냈느냐에 따라 아는 것과 모르는 것을 구분하고 안 하는 것과 못 하는 것을 판단할 수 있는 능력에 큰 차이가 생깁니다. 따라서 최소 5년 이상 같은 업계에서 경력을 쌓는다고 할 때 그 시간을 어떻게 보내야 할지에 대해 간단히 말씀드립니다. 일부 내용은 사회 초년생에게 특히 해당하겠지만, 마케팅 초보라면 나이와 경력에 상관없이 누구라도 참고하길 바랍니다.

첫째, 자신이 하는 일에 대해 전문가가 되어야 합니다. 함께 일하는 동료들이 같이 일하고 싶어 하는 사람이 되는 것을 목표로 해야 합니다. 마케팅을 예로 들면 자신의 비즈니스를 하고 있는 경우라도 마케팅에 대해서는 '아는 수준(지식과 경험)'까지는 올라가야 합니다.

둘째, 자신을 위한 투자에 돈을 아끼지 말아야 합니다. 좋은 책과 강의, 모임 등 자신이 현재 하는 업무 능력 향상뿐만 아니라 관심사와 자기계발에 대한 비용 투자를 아끼지 말아야 합니다. 바쁘더라도 하루 10분, 30분, 1시간, 꼭 별도 시간을 마련해야 합니다.

셋째, 멘토를 찾아서 모방하고 자신의 것으로 소화해야 합니다. 실제 사람을 만나서 배우는 것이 가장 좋습니다만 그렇지 않다면 국내외 마케팅 전문가도 좋습니다. 그가 성장했던 과정을 배우고 따라 하며 나만의 인사이트를 쌓아 나가야 합니다.

넷째, 자신만의 성과를 만들어야 합니다. 작은 것이라도 상관없습니다. 작은 성공이 반복되어 큰 성공을 만들 수 있습니다. 자기일의 결과를 스스로 자랑스럽게 생각할 수 있는 성과를 만드는 경험을 해봐야 합니다.

다섯째, 다른 사람을 가르쳐 봐야 합니다. 자신의 과거와 같은 고민과 어려움을 겪고 있는 다른 사람을 가르쳐 보면 자신이 아직 무엇을 모르는지 더 배워야 할 것이 무엇인지를 알 수 있습니다. 또한 자신만의 관점에서 벗어나서 다른 생각과 관점을 배울 수 있습니다.

이상의 5가지를 염두에 두고 꾸준히 마케팅을 배우고 경험하면 몇 개월 만에도 전과는 다른 눈에 띄는 생각과 실행의 변화를 만들 수 있습니다. 자신 있게 말씀드릴 수 있는 이유는 직접 해보고 다른 직원을 가르쳐 보았기 때문입니다.

마케팅은 작년과 올해가 다르고 지난달과 이번 달이 다른 상황을 준비하는 일이기도 합니다. 그 과정에서 매번 더 나은 판단을 할 수 있는 능력이 필요합니다. 그것이 안 하는 것과 못 하는 것을 구분할 줄 아는 능력입니다. 때로는 큰 비용이 투자되는 마케팅을 진행해야 할 때도 있습니다. 이럴 때 무엇을 하고 하지 말아야 할지를 판단할 수 있는 능력이 빛을 발하게 됩니다.

마치 게임의 체력이나 능력처럼 우리의 머리 위에 표시가 되지는 않지만, 이 책을 읽는 순간에도 마케팅 능력과 경험은 올라가고 있습니다. 생각과 관점은 조금씩 넓고 다양해지고 있습니다. 더 많이 보고 읽고 실행하며 경험을 쌓아 나가면서 판단의 능력을 키우는 것을 지속하길 추천해 드립니다.

얼마 전 유튜브에서 본 영상의 일부를 소개해 드립니다. 한 우물을 꾸준히 파는 것에 대해 백종원 대표와 직원이 나눈 이야기입니다.

"하나를 파더라도 10년 이상 파야 뭐가 나와"
"한 우물만 파는 게 되게 중요해. 자기가 좋아하는 일에서 한 우

물을 파야 해"

"일정 깊이를 파야 물이 나오는 거지"

"뚝심 있게 가고 싶은데, 그 불안감을 못 참는 사람들이 대다수
니깐 성공한 사람들이 소수가 되는 거지"

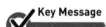

Key Message

할 줄 안다면 진작에 했을 일을 안 하는 것이라고 하지 말자. 못
하는 것은 배워서 하면 된다. 경력이 오래되었다고 누구나 잘하
는 것은 아니다.

05

어느 마케터의
공부법

◇◇◇◇◇◇◇◇◇◇◇◇◇◇◇◇◇◇◇◇◇◇◇◇◇◇◇◇◇◇◇◇◇

"마케팅 배우려면 뭐부터 해야 하나요?"

마케팅을 배우고 싶은데 뭐부터 해야 할지 모르겠다는 질문을 여러 번 받았습니다. 실무를 할 때는 주로 클라이언트나 내부 직원에게 듣기도 하고 저의 소셜미디어 팔로워 분들 또는 111 마케팅 독서클럽 참여자분들에게도 비슷한 고민을 듣기도 합니다.

그래서 제가 직접 하고 있기도 하고 다른 사람에게 가르쳐 주기도 했던 몇 가지 마케팅 공부법을 말씀드립니다. 내용 중 본인에게 적합한 방법을 선택해서 한 가지 방법이라도 일정 수준의 성과가 나올 때까지는 꾸준히 해보길 바랍니다.

1번부터 4번까지는 일상에서 항상 염두에 두고 생각의 폭을 넓히는 방법입니다. 5번부터 8번까지는 실행을 위해 필요한 방법입니다.

1. 본질과 기본 : 공부의 방향은 넓고 얕은 것보다 깊고 좁게 파기, 한 분야에서 깊이를 판 후 일정 수준이 되면 다른 분야로 넘어가기

2. 유행과 트렌드에 안테나 세우기 : 최신 유행하는 사람들의 관심사에 대해 알고 이해하기

3. 다양한 문화생활 : 영화, 드라마, 애니메이션, 게임, 스포츠, 미술, 공연, 음식, 여행 등 다양한 문화생활을 폭넓게 즐기거나 관심 가지기

4. 사람 관찰 : 출근과 퇴근, 이동할 때, 거리에서, 자주 만나는 사람 등의 겉모습과 행동을 관찰하기

5. 적극적 책 읽기
- 책을 고르는 방법
: 우선 자신이 배우고자 하는 분야의 책을 여러 권 찾습니다. 서문을 읽고 무엇에 대해 이야기하는 책인지를 확인합니다. 목차

를 살펴보고 필요한 내용이 담긴 부분을 먼저 읽어 봅니다. 해당 내용이 이해되고 도움이 되는 내용을 담고 있다면 그 책을 선택합니다.

　: 선택한 책의 후기를 살펴보고 1쇄가 출간된 지 1년 이상이 지났음에도 꾸준히 좋은 평가를 받고 판매가 잘 되는 책인지를 확인합니다.

　- 111 독서법

　: 뒤에 나올 111 독서법에서 좀 더 설명을 드리겠지만 총 5단계로 구성되었습니다. 간단히 이야기하면 필요한 부분을 빠르게 한 번 발췌독을 하고 다시 전체적으로 맥락을 이해할 수 있도록 정독을 합니다. 이때 필요한 내용은 필기를 하는 것을 추천드립니다. 그다음은 책에서 배운 방법을 실행해 본 뒤 다시 재독을 합니다. 그러면 책에서 이야기하는 내용에 대해 더 깊이 이해하고 자신의 것으로 만들 수 있습니다.

　- 노트에 필기를 하거나 후기를 씁니다

　: 직접 펜으로 쓰기 어렵다면 메모를 할 수 있는 핸드폰 어플을 이용하거나 컴퓨터에서 워드 프로그램 등을 사용하여 책에서 배운 문장이나 내용을 기록합니다.

　: 가장 추천하는 방법은 블로그, 인스타그램 등에 후기를 남기는 것입니다. 자신의 기록을 쌓아 나감으로써 얻는 부가적인 이득

도 있지만 그것보다는 언제 어떤 책에서 어떤 내용을 읽고 배웠는지를 시간이 지나서도 확인이 가능하고 다시 그 부분을 빠르게 찾아서 배울 수 있다는 장점이 있습니다.

- 책에 표시를 합니다

개인적으로 책을 '지저분하게' 읽는 것을 추천드립니다. 읽고 있는 문장을 자신의 생각과 일에 대입시켜 보고 떠오른 아이디어는 그대로 책에 메모를 합니다. 다시 읽어야 할 부분이나 중요하다고 생각되는 부분은 책의 한 쪽 귀퉁이를 접어 두거나 표시를 하여 빠르게 찾아볼 수 있게 합니다.

또는 비슷한 문장이나 내용이 나오는 책이 있다면 메모를 해두면 좋습니다.

6. 무료/유료 강의 수강하기

- 유튜브, 블로그 콘텐츠

: 마케팅 고수들이 이미 만들어서 공개한 영상과 글이 많습니다. 자신이 당장 필요하다고 생각되는 내용을 검색해서 찾아보는 것을 일상화하고 도움이 된 내용은 따로 모아 두어야 합니다. 그래야 다음에도 다시 찾기가 쉽고 잊은 내용은 다시 볼 수 있습니다.

- 무료 강의

: 유료 강의 전에 홍보 목적의 무료 강의를 통해서 사람을 모

읍니다. 강의 수강자 입장에서는 강의를 미리보기 할 수 있고 강사 입장에서는 유료 강의로 전환할 가능성이 높은 사람들의 데이터를 확보하고 입소문 효과를 낼 수 있는 장점이 있습니다. 내가 필요한 내용의 강의를 무료로 제공할 때는 참여를 해보고 판단하면 좋습니다.

- 유료 강의
: 검증된 후기와 성공사례가 만들어진 유료 강의를 수강하면 비용을 지불했다는 강제성을 가질 수 있기 때문에 수강에 대한 동기부여가 됩니다. 다만 피했으면 하는 강의는 아무리 인기가 많더라도 돈 버는 법 등의 강의는 피하고 우선은 실력과 본질에 대한 강의를 수강하고 이후는 내가 필요한 분야에서의 노하우와 경험을 알려 주는 강의를 수강하길 추천드립니다.
: 유료 강의라고 하더라도 내용의 부실함으로 끝까지 수강하기 힘든 강의도 더러 있습니다. 커리큘럼을 꼭 확인하고 결제 전에 후기와 평가를 꼼꼼히 살펴보고 결정하기 바랍니다.

7. 블로그 또는 노션 활용하기(또는 유튜브)
- 배움의 과정과 결과를 기록합니다.
: 단기 기억을 장기 기억으로 옮기기 위해서뿐만 아니라 기록을 통해 성장의 동기부여와 작은 성공을 만들어 갈 수 있습니다.
: 기록하지 않으면 기억할 수 없습니다. 노트와 다이어리에 기

록하는 것도 좋지만 기록을 외부로 공개하면 좀 더 정리된 표현을 쓰는 연습이 가능합니다. 다른 사람들에게 보여 주기 위해 기록하는 것이 목적은 아닙니다만 정리된 표현과 구성으로 기록하는 연습은 실제 업무에서도 글쓰기 실력을 향상하는 데도 도움이 됩니다.

8. 배운 것을 설명하기(또는 유튜브 촬영하기)
- 내가 배운 것을 이미 알고 있는 사람에게 설명하기
: 내가 배운 것을 나보다 더 잘 알고 있는 사람에게 설명하는 과정을 통해 미처 내가 생각하지 못했던 것을 피드백 받을 수 있습니다. 그리고 제대로 이해를 했는지도 점검할 수 있습니다.

- 내가 배운 것을 모르는 사람에게 설명하기
: 글쓰기의 유명한 조언 중 하나로 중학생이 이해할 정도의 단어를 사용하고 쉽게 쓰라는 말이 있습니다. 마찬가지로 내가 이해하고 있다는 것을 확인하는 가장 쉬운 방법은 내가 배운 것을 모르는 사람에게 알기 쉽게 설명해 보는 것입니다.
: 개인적으로는 제가 이해한 내용 또는 만든 결과물에 대해 우선 가족들에게 보여 주고 이해가 되는지를 물어봅니다. 또한 추가적인 설명을 통해 이해를 돕기 위한 더 좋은 표현이나 방법을 찾기도 합니다. 이 과정을 통해 내가 알고 있는 것을 좀 더 이해할 수도 있고 설명을 위해 다른 방법을 고민해 보는 시간을 가질 수 있습니다.

8가지 제가 직접 하고 있고 가르쳐 준 마케팅 공부법을 소개해 드렸습니다. 이중에서 1번부터 4번까지는 누구나 생각만 하고 있으면 평소에도 할 수 있는 것이고 5번부터 8번까지는 시간과 노력 그리고 일부의 비용을 투자해서 실질적인 공부를 하는 방법입니다.

앞서 말씀드렸지만, 어느 방법이라도 단기간의 성과를 기대하기보다는 최소 몇 개월은 꾸준히 하면서 자신이 성장하는 모습을 느껴 보기 바랍니다. 운동을 하더라도 오늘과 내일의 차이는 크게 느껴지지 않습니다. 하지만 6개월 전과 오늘을 비교하면 그 차이는 확연하게 나타납니다.

마케팅 공부도 마찬가지입니다. 오늘 하루 배움의 평가는 6개월 뒤에 해도 충분합니다. 결국 꾸준함이 성장의 핵심입니다.

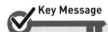

Key Message

> 자신에게 적합한 공부법을 찾아서 하되 장기적인 계획을 세우고 꾸준함을 유지하는 것을 목표로 하자. 실무를 병행해야 배운 것이 내 것이 된다.

06

헨젤과 그레텔에서 발견한
마케팅 인사이트

헨젤과 그레텔은 그림 형제가 수집한 독일 민화 중 하나로 부모에 의해 숲에 버려진 남매가 아이들을 잡아먹는 마녀를 물리치고 다시 집에 돌아오는 이야기입니다.

이 동화에서 헨젤과 그레텔은 숲에서 집으로 다시 돌아가는 길을 표시하기 위해 하얀 조각돌을 숲속으로 들어가며 뿌려 놓다가 나중에는 조약돌이 떨어지자 빵 부스러기로 길을 표시합니다. 그런데 빵 부스러기를 숲속 동물들이 먹는 바람에 결국 숲속에서 길을 잃고 마녀의 집을 발견하게 됩니다.

헨젤과 그레텔이 마케팅과 무슨 관계가 있을까? 하고 의아해할 수 있습니다. 제가 주목하는 부분은 바로 헨젤과 그레텔이 자신들의 집으로 돌아오는 길을 표시했다는 부분입니다.

만약 헨젤과 그레텔이 충분한 조약돌을 가지고 있었고 숲에 버려진 후에 조약돌을 보고 무사히 집으로 찾아왔다고 생각해 보겠습니다. 그리고 이것을 마케팅으로 바꿔서 생각해 보겠습니다. 헨젤과 그레텔의 집은 온라인 또는 오프라인의 매장이라고 하고 조약돌을 보고 찾아오는 사람들이 잠재 고객이라고 하겠습니다.

여기서 생각할 수 있는 마케팅 포인트는 두 가지입니다.

첫 번째는 잠재 고객을 제대로 설정했는가입니다. 만약 숲속의 동물들이 잠재 고객이라면 동물들이 집까지 찾아올 수 있도록 계속 동물들이 좋아하는 먹이를 뿌려 놓는 것이 필요합니다. 하지만 내 잠재 고객이 숲에서 길을 잃은 사람이라면 숲 밖으로 빠져나와 집까지 쉽게 찾아올 수 있도록 눈에 잘 띄는 흰색 조약돌을 뿌려 놓는 것이 필요합니다.

즉, 내 상품이나 서비스의 잠재 고객이 누구인가에 따라 그의 눈에 띄고 관심이 있는 무엇을 길을 만들어 줄 것인가를 고민해야 한다는 뜻입니다.

큰 비용을 투자해 광고나 마케팅할 때 막상 생각보다 효과가 크지 않을 때가 있습니다. 그럴 때 가장 먼저 점검해야 할 것이 내가 뿌려 놓은 것이 조약돌인가, 동물의 먹이인가입니다. 이것은 결국 내 잠재 고객을 제대로 이해하고 있는가와도 밀접하게 연관되어 있습니다. 내 잠재 고객이 누구인지를 제대로 이해하고 있어야 그가 좋아하는, 관심이 있는 것을 뿌려 놓을 수 있기 때문입니다.

두 번째는 충분히 잠재 고객을 안내하고 있는가입니다. 흰색 조약돌을 뿌리는데, 눈에 잘 보이지도 않을 정도로 작은 것이라든지, 다음 조약돌까지의 거리가 멀어서 길을 찾는 데 오래 걸리거나 중간에 다른 곳으로 이탈한다든지 한다면 어떻게 될까요? 작은 조약돌을 뿌려 놓은 시간과 노력이 결국 성과 없는 수고가 될 것입니다.

따라서 마케팅을 한다면 제대로 눈에 띌 정도로 큰 크기의 흰색 조약돌을 쉽게 따라올 수 있도록 뿌려 놓는 것이 필요합니다. 그리고 숲에서도 여러 갈래의 길에서도 쉽게 찾아올 수 있도록 다양한 경로의 흰색 조약돌 길을 만들어 놓는 것이 필요합니다.

물론 숲속 어디서나 찾아올 수 있도록 하기 위해서는 상대적으로 큰 비용과 노력이 필요합니다. 그렇지만 이렇게 시작하면 어떨까요? 우선은 내 잠재 고객이 가장 자주 다니는 길이 어디인지를 파악합니다. 내가 준비할 수 있는 흰색 조약돌의 최대 크기와 수량을 준비합니다. 잠재 고객이 길을 잃지 않고 조약돌을 따라올 수 있는 만큼의 거리를 두고 뿌려 놓습니다. 이것이 작은 성과를 만든다면 다시 흰색 조약돌을 더 모으고 더 많은 경로에 뿌려 놓을 수 있습니다. 같은 수량의 흰색 조약돌을 가지고 있더라도 처음부터 욕심을 부려 숲속의 많은 길에 뿌려 놓는다면 결국은 아무도 제대로 길을 찾기 어려울 것입니다.

마케팅블록시스템에서 이야기하는 잠재 고객, 예산, 미디어에 해당하는 내용이기도 합니다. 기본적으로는 모두 마케팅 전략과 전술에서 구체적으로 결정되어야 합니다. 하지만 간단히 말씀드리면 한정된 예산으로 잠재 고객이 주로 활동하는 어디서 광고와 마케팅을 하는 것이 효율적인가 하는 문제입니다.

요컨대 한정된 예산과 인력에서 마케팅의 효율을 높이려면 잠재 고객이 누구인지를 잘 파악하여 그의 관심사, 예를 들면 문제나 욕망의 해결법을 흰색 조약돌로 만들어 놓아야 합니다. 그리고 나의 상품과 서비스가 있는 곳까지 잘 따라올 수 있도록 잠재 고객이 주로 다니는 길을 선택과 집중하여 흰색 조약돌로 경로를 만들어 놓아야 한다는 뜻입니다.

헨젤과 그레텔이 결국 마녀를 물리치고 무사히 집으로 돌아왔듯이 내가 기다리고 있는 잠재 고객이 나의 상품과 서비스를 친절하게 찾아올 수 있도록 해야 합니다. 잠재 고객이 오가는 다양한 경로에 내 상품과 서비스가 눈에 띌 수 있도록 마케팅 요소들을 뿌려 보기 바랍니다.

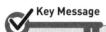 **Key Message**

> 마케팅을 얼마나 열심히 했는지는 고객은 모른다. 고객은 자신에게만 관심이 있다. 고객이 느끼고 알 수 있게 하려면 고객의 입장에서 마케팅을 해야 한다.

07

왜 타깃을 넓히면
안 될까?

〰〰〰〰〰〰〰〰〰〰〰〰〰〰

현재 운영하는 '111마케팅독서클럽'의 참가자 중 한 분이 문의를 하셨습니다.

"흑상어쌤은 왜 사람들이 특정 타깃으로 좁히는 것을 잘 못한다고 생각하세요?"

이어서 덧붙이기를 "이것을 혹시 욕심으로 봐야 할지, 시장조사에 대한 무지로 볼지 아니면 개인마다의 이유가 있을까요?"

이 이야기는 불과 며칠 전에도 비슷한 내용으로 들었던 내용이고 『마케팅 모르고 절대 사업하지 않습니다』에도 따로 이야기했던 내용이기도 합니다. 계속 반복된 이야기가 오간다는 것은 그만큼 타깃에 대해 고민하는 사람이 많다는 뜻이라고 생각합니다.

아래 문의를 하신 분께 말씀드렸던 제 생각을 그대로 옮겨서 말씀드립니다.

***

대상을 좁히지 못하는 이유는 크게 아래 3가지 때문이라고 생각합니다.

첫째, 타깃에 대한 이해가 부족할 때입니다.

타깃을 좁히지 못하는 이유는 역설적이게도 타깃이 명확하지 않기 때문입니다. 여기서 명확하다는 건 누구한테 이야기할지를 안다는 뜻입니다. 예를 들면 내가 옷에 관해 이야기할 사람이 지나가는 30대 여성 누구나가 아니라 오랜만의 동창 모임에 입고 나갈 옷이 필요한 30대 기혼 여성이라면 같은 30대 여성이라도 두 사람에게 해야 할 이야기가 달라집니다.

둘째, 너무 큰 시장을 먼저 보기 때문입니다.

내 상품과 서비스가 최대로 확장되었을 때의 시장 규모를 먼저 생각하다 보니 타깃을 좁히면 마치 끝까지 모든 것을 다 이루어도 큰 성과가 아닐 수 있겠다고 생각하여 오히려 타깃을 넓게 생각할 때가 있습니다. 예를 들면 스타트업의 시장을 3가지로 구분할 때 Total Available Market (TAM, 전체시장), Serviceable Available Market (SAM, 유효시장), Serviceable Obtainable Market (SOM, 거점시장/수익시장) 이렇게 나눌 수 있습니다. 즉 가장 먼저 시장 진입과 목표로 삼아야 할 시장은 SOM인데 TAM을 바라보기 때문에 타깃을 좁히지 못하게 됩니다.

지금은 초등생부터 할아버지, 할머니까지 카카오톡을 사용하지만, 카카오톡 출시 때 타깃이 과연 전 국민 1080이었을까요? 당연히 아닙니다. 핵심 타깃에서 소비자는 확장될 수 있는데 이미 최대로 확장된 시장부터 보면 타깃을 좁힐 수 없습니다. 욕심이라기보다는 접근 방법과 순서에 대한 이해가 부족하기 때문일 수 있습니다.

셋째, 상품과 서비스가 주는 혜택을 모호하게 설정할 때입니다.

예를 들면 내 상품과 서비스를 이용했을 때 얻게 되는 혜택 즉, 고객의 욕망, 문제해결이 명확하다면 타깃을 좁힐 수 있습니다. 그런데 이것도 가능하고 저것도 가능하고 전부 다 가능하다고 이야기한다고 하면 잠재 고객 입장에서는 오히려 고민하게 됩니다. 명확하고 확실한 혜택(욕망 달성이나 문제해결)이 있고 다른 것은 파생적이라고 해야 그것이 꼭 필요한 사람이 오히려 내게 팔아 달라고 할 수 있습니다. 그런데 누구에게 어떤 혜택을 주는 것인지가 명확하지 않다면 잠재 고객 입장에서는 그것이 내게 필요한 것인지 아닌지 생각하게 됩니다.

마지막으로 추가하자면 "타깃이 넓어야 더 많은 매출이 생기는 거 아닌가요?"라는 질문을 들었던 적이 있습니다. 하지만 타깃이 넓다고 내 상품이나 서비스를 선택할 사람이 많아진다는 것은 오해입니다. 누구나 고객이라는 건 아무도 고객이 아니라는 것과 같다고 했습니다. 작은 시장에서도 선택받지 못하는데 큰 시장으로 넓히면 선택할 사람이 많아지리라는 것은 내가 잡아야 할 물고기가 무엇인지 모른 채 바다로 배 타고 낚시를 나가는 것과 다르지 않다고 생각합니다.

* * *

문의를 받자마자 채팅방에서 답변을 드렸던 내용입니다. 급하게 답변을 드리느라 일부 내용은 좀 더 설명이 필요합니다. 그럼에도 불구하고 문의를 하신 분의 답변을 보니 전체 내용을 이해하는 데 문제가 없어서 그대로 옮겼습니다.

많은 마케팅 책에서 타깃을 좁혀야 한다는 이야기도 읽었고 이해가 되기는 하는데 막상 직접 해보려니 쉽지만은 않습니다. 그 이유는 결국 아직 내 상품과 서비스가 누구를 위한 것인지와 그 대상에 대한 이해가 부족하기 때문입니다.

예를 들어 여행용 휴지를 판매한다고 할 때를 생각해 보겠습니다. 여행용 휴지의 잠재 고객은 정말 넓고 다양합니다.

- 차량 운전자
- 등산 또는 야외 활동
- 학생
- 판촉물
- 유아 부모님

만약 내가 판매하는 여행용 휴지는 기존 제품들과 더 부드럽고 피부 자극이 없는 제품이라고 하겠습니다. 그렇다면 위의 타깃 모두를 대상으로 하는 것이 아닌 아기들이 사용해도 피부 트러블이 없는 휴대용 티슈로 미취학 아동의 어머니와 어린이집, 유치원 선생님을 타깃으로 하는 방법이 있습니다.

타깃을 이렇게 좁히고 나면 차량 운전자에게 판매하는 여행용 휴지와 내가 판매하는 휴대용 티슈의 기본적인 사양은 큰 차이가 없더라도 말을 해야 할 대상과 내용이 달라지게 됩니다. 이렇게 타깃을 좁히게 되면 누구에게 내 제품이 어떤 혜택을 제공할 수 있을지가 명확해지므로 마케팅 메시지, 미디어 등을 결정하는 데도 혼란스럽지 않습니다.

물론 좁힌 타깃을 다시 더욱 좁힐 수도 있습니다만 그것은 전체적인 시장 크기를 고려하여 판단하는 것이 좋습니다. 상품과 서비스가 무엇이냐에 따라 마니아 시장을 공략하는 것처럼 너무 타깃을 세분화할 필요까지는 없습니다.

사람은 자신에게 관련된 일에만 관심이 있습니다. 아무리 큰 비용이 들어가고 큰 노력이 들어간 광고와 마케팅 캠페인이라도 그 제품과 서비스가 나에게 어떤 이득이 되는지가 명확하지 않다면 관심이 생기지 않습니다. 시끄러운 공간에서도 내 아이의 울음소리라든지, 내 이름을 부르는 소리가 나에게만 잘 들리는 것을 경험할 때가 있습니다. 이를 '칵테일 파티 효과, 잔치집 효과, 연회장 효과'라고 합니다. 칵테일 파티 효과란 시끄러운 주변 소음이 있는 방에 있음에도 불구하고 대화자와의 이야기를 선택적으로 집중하여 잘 받아들이는 현상에서 유래한 말입니다.

이처럼 주변 환경에 개의치 않고 자신에게 의미 있는 정보만을 선택적으로 받아들이는 것을 '선택적 지각' 또는 '선택적 주의'라고 합니다. 앞서 말씀드렸듯이 사람은 자신에게 관련된 일에만 관심이 있다는 뜻도 이와 비슷합니다. 하루에도 지나치는 수백 수천 개의 광고와 마케팅 메시지 속에서 사람은 자신에게 관계가 없다면 바로 눈앞에 어떤 메시지를 보여 줘도 눈길 한 번 주지 않고 지나칠 것입니다. 하지만 배가 아파서 화장실이 급한데 휴지가 없는 사람에게 휴지 자판기의 위치를 알려 주는 이정표는 기가 막히게 저 멀리서도 찾을 수 있을 것입니다.

결론적으로 타깃을 좁히기 어려운 것은 아직 타깃에 대해 좀 더 깊은 이해와 내 상품과 서비스가 타깃에게 제공할 혜택에 대해 명확함이 부족하기 때문이라고 할 수 있습니다.

타깃을 좁히지 못하는 것은 "모두가 고객이라는 건 아무도 고객이 아니다"라는 것과 마찬가지라는 말을 잊지 말기 바랍니다.

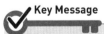
Key Message

많이 알면 많이 사겠지란 생각으로 넓고 얕게 알리는 게 아니라 누가 살 사람인지를 알고 살 사람에게 반복해서 알리는 것이 더 낫다.

08

마케터 사수가
없다면?

상대적으로 작은 기업의 마케팅은 조직을 갖추기 쉽지 않습니다. 사람이 들어오고 나가는 것도 자주 있다 보니 마케팅이 체계적으로 시스템을 갖추기란 현실적으로 어려운 일입니다.

그런데 새로 입사한 마케터 입장에서 사수까지 없다면 무척이나 곤란한 상황이 아닐 수 없습니다. 우리 주변에서 흔히 볼 수 있는 모습입니다. 사수가 없는 마케터는 대부분 연차가 낮고 마케팅 경험이나 지식이 많지 않습니다. 더구나 마케팅 조직도 한 명 또는 둘이서 일을 하는데 일의 범위는 매우 다양하고 넓습니다. 해야 하는 일은 여러 가지인데 비해 가르쳐 주는 사람이 없으니 모르는 것투성이입니다. 매일 당장 눈앞에 닥친 일을 처리하기도 바쁜

데 모르는 것이 생겨도 물어볼 사람이 없다 보니 답답함의 연속입니다.

그렇다면 사수 없는 마케터는 이 문제를 어떻게 해결해야 할까요?

가장 먼저 할 일은 스스로에 대해 질문을 해보는 것입니다.

그리고 그 질문에서 찾은 답을 실행에 옮겨야 합니다.

첫째, 현재 하는 일에서 내가 가장 답답해하는 문제의 이유는 무엇인가입니다.

여러 가지 이유가 있겠지만 그것을 한 방에 해결할 수 있는 해결책은 없다는 것을 인정해야 합니다. 예를 들면 사수가 설사 있다고 하더라도 지금 내가 겪는 문제를 사수가 모두 해결해 줄 수 없는 노릇입니다. 사수가 내 일을 모두 대신해 주는 것이 아니라면 분명 큰 도움이 되겠지만 여전히 내가 직접 경험하고 해결해야 할 일이 남습니다.

만약 내가 답답해하는 이유가 지금 회사가 하고 있는 비즈니스에 대해 잘 모르기 때문이라면 우선 업계의 시장 구조와 비즈니스의 프로세스에 대해 알아야 합니다. 또는 광고나 마케팅으로 유입된 잠재 고객이 구매를 하지 않아서 문제라면 상세페이지의 설득력을 높이는 방법에 대해 배워야 합니다.

정말 좋은 제품 또는 서비스를 만들었다고 생각하는데 사람들이 우리 제품과 서비스에 대해 알지 못한다면 잠재 고객을 제대로 설정했는지 그에 맞는 콘텐츠와 미디어를 활용하고 있는지를 다시 한 번 점검하고 개선 방법에 대해 알아봐야 합니다.

즉, 사수가 있거나 없거나 상관없이 내가 고민하는 문제가 무엇인지를 세분화해서 각각 그것의 해결책을 찾아야 한다는 뜻입니다. 누가 내 일을, 내 공부를 대신 해줄 수 없는 노릇입니다. 결국 내가 나에 대해 더 잘 알아야 문제를 찾고 그에 맞는 해결책도 찾을 수 있습니다.

둘째, 나에게 적합한 문제해결 방법은 무엇일까입니다.

가장 쉽게 내 고민과 문제의 답을 찾기 위해 할 수 있는 방법은 다음의 다섯 가지 방법이 있습니다.

1. 내 고민과 문제의 답을 알려 주는 강의 또는 책 읽기

2. 비슷한 문제를 겪는, 해결한 사람들이 있는 커뮤니티에서 해결책을 찾거나 물어보기

3. 모임 또는 주변에 비슷한 경험이 있는 지인에게 물어보기

4. 검색 포털 등에서 문제 해결 방법을 찾아보기

5. 직접 여러 번 가설을 검증해 보고 부딪쳐서 배우기

가능한 여러 가지 방법들을 모두 사용하는 것이 당연히 좋습니다. 문제가 무엇이냐에 따라 필요한 해결책을 찾는 방법도 다를 수 있습니다. 다만 각각의 방법들에서도 내게 잘 맞는 방법이 있습니다.

우선은 같은 고민과 문제가 계속 발생되지 않도록 스스로의 기본 능력치를 높이는 과정이 병행되어야 합니다. 예를 들면 강의와 책을 보면서 지식을 쌓고 그것을 실무에 적용해 보는 것입니다. 기본 능력치를 높이는 활동을 지속하는 것을 기본으로 하되 내가 스스로 검색 포털에서 해결책을 찾는 것이 익숙하고 편하다면 그것을 좀 더 빠르고 쉽게 할 수 있는 방법을 찾아야 합니다.

예를 들면 A라는 문제에 대해서는 어디서 찾으면 가장 적합하고 도움이 되는지를 알아 두어야 하고 B라는 문제에 대해서는 어디서 찾으면 되는지를 적어 두는 것입니다. 노션과 같은 서비스를 사용해서 내가 문제를 찾고 해결할 때마다 문제와 해결책 그리고 링크를 넣어 두면 기록하는 과정에서 한 번 더 이해를 할 수 있습니다. 다음에 같은 문제의 해결책이 기억이 나지 않을 때 새로 찾는 것이 아니라 내가 정리해 둔 것을 보면 훨씬 빠르게 문제 해결을 할 수 있습니다.

이처럼 각각의 문제마다 그리고 나에게 더 적합한 문제 해결 방법은 무엇인지를 스스로 물어보고 그것을 직접 해봐야 합니다.

셋째, 내가 아는 것과 모르는 것은 무엇인가?

며칠 전 온라인 마케터 커뮤니티에 올라온 고민 글을 우연히 보고 댓글을 달았습니다. 글쓴이의 고민은 디자이너로 일하다가 마케터가 되었는데 시간이 가면서 스스로 내가 아는 것에 비해 시간이 흐르고 경력만 쌓인 것 같다는 푸념 섞인 고민이었습니다.

글쓴이가 자신의 고민에 대해 무엇이 문제인지를 인지하고 있다는 점에서 무척 공감이 갔고 작은 도움이 되면 좋겠다는 마음에 댓글을 달았습니다.

**

1. 자신만의 '마케팅 정의' 내리기

마케팅이 무엇이라고 생각하는지에 대한 자신만의 정의가 필요합니다. 예를 들면 단순히 소셜미디어를 운영하고 팔로워나 구독자를 늘리는 것이 아닌 말 그대로 '마케팅'을 나는 무엇이라고 정의하느냐입니다. 사전적 의미의 '마케팅'이 무엇인지를 아는 것뿐만 아니라 내 스스로 정의하는 마케팅이 무엇이냐에 따라 내가 모르는 것이 무엇이고 알아야 할 것이 무엇인지를 알 수 있습니다. 더불어 마케팅의 방향을 결정할 수 있고 그 방향으로 나아가기 위한 방법을 고민하게 됩니다. 자신만의 마케팅 정의를 내려 보시길 추천드립니다. 마케팅을 요리를 만드는 전체 과정이라고 한다면 소셜미디어는 요리를 만드는 도구 중 하나라고 할 수 있습니다. 큰 그림에서의 마케팅에 대한 이해를 하고 나만의 정의를 만들어 보시기 바랍니다.

2. 아는 것과 모르는 것을 구분하기

공자는 아는 것이 무엇이냐고 묻는 제자에게 '아는 것을 안다고 하고 모르는 것을 모른다고 하는 것이 진정으로 아는 것이다'라고 했습니다. 같은 뜻의 다른 말로 '메타인지'라고도 합니다. 글쓴이의 불안함은 아마도 내가 모른다고 생각하는 것을 안다고 해야할 때 오는 감정일 수 있겠다고 생각했습니다. 그래서 필요한 것이 내가 아는 것, 즉 다른 사람에게 설명할 수 있고 그것을 직접 실행할 수 있는 것과 그렇지 않은 것을 직접 써보고 구분해 보시길 바랍니다. 그러면 내가 제대로 알기 위해 무엇을 배워야 하는지를 명확히 알 수 있습니다. 내가 잘 모르는 것이 마케팅 용어라면 리스트를 만들어서 하나씩 알아 갈 때마다 지워 나갈 수도 있습니다. 내가 잘 모르는 것이 마케팅의 개념이라면 마케팅이 무엇인지에 대해 알려 주는 국내외 전문가들의 책을 찾아볼 수도 있습니다.

3. 나만의 시간 확보를 위한 시스템

스스로 잘 모르고 있다고 생각이 든다면 새로운 출발을 위한 좋은 신호라고 생각합니다. 여기서 중요한 것은 열정과 의지가 아닌 습관과 시스템입니다. 기본적으로는 내가 모르는 것을 제대로 알기 위한 물리적인 시간이 꼭 확보되어야 합니다. 그리고 그것은 내가 의지가 있어서 하고 싶을 때만 하는 것이 아닌 아침에 일어나고 밤에 잠자리에 들듯이 하나의 습관과 시스템으로 만들어야 합니다. 그래서 그 시간을 확보해야 합니다. 그렇지 않으면 어느 날은 바빠서, 어느 날은 피곤해서 등의 내 의지를 약하게 만드는 일 때문에 정작 내가 몰라서 답답한 상황을 다시 마주하게 됩니다.

그리고 배움의 순서는 가능하다면 '심리학'과 같이 사람을 이해하는 것, '마케팅', '브랜딩' 등 개념을 이해하는 것, 마지막으로 배운 것을 실무에 적용해서 내 가설을 검증해 보는 것으로 해보시길 바랍니다. 큰 개념에서 작은 개념으로 넘어 가길 추천드립니다. 아마 현실적으로는 병행해야 한다고 생각합니다.

4. 강의와 책

실력 향상을 위해서는 자신에게 투자를 해야 합니다. 그리고 배운 것을 직접 실행에 옮길 때 의미가 있습니다. 강의와 책을 찾아 배우는 방법 중 하나는 내 수준과 상황에 맞는 것을 선택하는 것입니다. 다른 사람들의 후기도 중요하지만 각각의 고민과 문제가 다를 수 있기 때문에 내 기준에서 내가 답답한 문제의 해결책을 담고 있는 것을 찾는 것이 우선입니다. 사람마다 마케팅에 대한 배경지식과 경험이 다르기 때문입니다.

확보한 나만의 시간에는 강의와 책을 읽으면서 내가 모르는 것 리스트에서(직접 설명할 수 있고 실행할 수 있게 된 것) 알게 된 것을 하나씩 지워 나가야 합니다. 일정 경험이 쌓이면 강의와 책을 고르는 눈도 생기고 속도도 빨라집니다. 시간이 더 지나면 점점 연차가 압박이 됩니다. 지금이라도 기본부터 다시 시작한다는 마음으로 배움의 속도를 높여 보시길 추천드립니다.

5. 모임

나와 비슷한 고민이 있는 사람 또는 내가 겪는 문제를 해결한 사람들이 있는 모임에 참석해 보는 것도 좋은 방법입니다. 가장 좋은 배움의 방법은 해결책을 가진 사람을 만나서 직접 배우는 것입니다. 문제 해결은 결국 스스로 해야겠지만 방법을 찾는 것은 시간과 시행착오를 줄이는 것이 좋습니다. 오프라인이 어렵다면 온라인 모임이라도 시작해 보시길 추천해 드립니다.

이미 위의 몇 가지 내용은 하고 계시거나 하셨던 것이겠지만, 앞서 말씀드렸듯이 결국은 '기본'을 건너뛰고 당장의 '방법'들을 쫓다 보면 어느새 시간은 가고 나 스스로 꽉 찬 느낌 없이 어딘가 붕 뜨고 공허한 느낌이 납니다. 바쁘고 당장 급하니 또 새로운 '방법'들을 따라가다 보면 계속 시간은 갑니다.

뻔한 말씀을 드린 것 같지만 글쓴이의 감정에 공감이 되어 몇 글자 남겼습니다. 모쪼록 조금이라도 도움이 되시면 좋겠습니다. 감사합니다.

***

문제 해결의 시작은 문제가 있다는 것을 인지하는 것입니다. 따라서 사수가 없는 현재 상황의 문제는 '사수 없음'이 아니라 '내가 모름'입니다. 내가 모르는 것을 해결하기 위해서는 무엇을 모르는지 아는지를 구분하는 것이 시작입니다.

혼자서 해결할 수 없는 것이라면 내부에 정식으로 요청을 하는 것이 필요할 것이고 그마저도 상황이 여의찮다면 내가 해결할 수 있는 문제부터 해결하는 것에 집중해야 합니다. 어차피 얘기해도 안 된다고 나 자신의 성장마저 포기할 필요는 없습니다.

평생직장의 개념이 없어진 지 오래입니다. 즉 장소가 아닌 주체가 중요합니다. 내가 어디에 있느냐가 아니라 무엇을 할 수 있느냐가 중요하다는 뜻입니다. 그러니 지금의 고민과 문제를 해결하는 것은 맡은 일을 하는 것뿐만 아니라 결국 나의 성장을 위한 일이기도 합니다. 모르는 것을 모르는 채로 시간을 보내게 되면 앞서 소개해 드린 커뮤니티의 고민 글을 쓴 사람처럼 오히려 시간이 가며 쌓인 경력이 부담으로 다가올 수도 있습니다.

사수 없는 마케터가 스스로 문제 해결을 위해서는 자신의 문제를 마주 보고 구체적으로 세분화하여 가장 중요한 문제부터 순차적으로 해결해 나가야 합니다.

Key Message

당장 사수를 구할 수 없다면 현실적으로 해결할 수 있는 문제인지 아닌지를 구분하고 적극적으로 대안을 찾자.

09

111
마케팅 독서법

저는 한 권의 책에서 한 개의 메시지라도 실행할 수 있다면 그 책을 읽은 가치는 충분하다고 생각합니다. 바꿔 말하면 아무리 많은 책을 읽어도 실행이 없다면 마케팅 독서로서는 실패라고 생각합니다. 따라서 중요한 것은 몇 권의 책을 읽었느냐가 아닌 몇 번의 실행을 했느냐입니다. 마케팅은 실행이 중요한 분야이기 때문입니다.

같은 의미에서 "한 권의 책에서 한 개의 메시지를 한 번은 실행한다"라는 컨셉으로 실행을 목적으로 하는 '111마케팅 독서클럽'을 운영하고 있습니다.

제가 마케팅 책을 읽고 실행에 옮기는 '111 독서법'을 소개해 드립니다.

'111 마케팅 독서법'은 총 5단계로 구성됩니다. 그리고 이 독서법의 핵심은 '속도'와 '실행'에 있습니다.

1단계 : 목적

독서를 하는 목적을 명확히 하고 책에서 관련된 부분을 찾는 단계입니다. 마케팅 책을 읽는 이유는 현재 상황에서 어떤 '문제' 또는 '결핍'을 느껴 해결책을 찾기 위함입니다. '해결책'에 대해 이야기하는 한 권에서 관련 부분을 찾습니다.

2단계 : 속독

목적을 달성하기 위한 내용인지를 빠르게 확인하는 단계입니다. 목적에 부합하는 부분만을 빠르게 한 번 읽습니다. 여기서 속독은 처음부터 끝까지 읽는 것이 아닌 필요한 부분만을 빠르게 읽는 스키밍 독서법을 의미합니다. 속독으로 짧은 기억을 남깁니다.

3단계 : 정독

책의 내용을 이해하고 새로운 사고를 하는 단계입니다. 내가 찾은 핵심 메시지의 전후 맥락을 이해하고 내가 해결하고자 하는 문제와 상황에 대입하여 떠오르는 '해결책'을 기록합니다. 이 과정에서 해결책에 대한 나만의 아이디어가 떠오르게 됩니다.

4단계 : 실행

독서의 목적을 이루는 단계입니다. 핵심 메시지를 직접 실행합니다. 실행의 속도가 중요합니다. 빠르게 실행하고 결과를 확인합니다.

5단계 : 재독

이해의 깊이를 더해 지식을 내 것으로 만드는 단계입니다. 실행에 옮겼던 핵심 메시지 부분을 다시 정독합니다. 새로운 아이디어가 생각납니다. 다시 떠오른 아이디어를 실행합니다. 실행의 과정에서 개선점을 찾고 반복합니다.

111 독서법은 속독(스키밍), 발췌독으로 배운 내용을 직접 실행해서 내 것으로 만드는 과정입니다. 일반적인 인문학 책과 달리 마케팅 책을 읽는 목적을 실행에 두기 때문입니다. 다시 한 번 강조해 드리지만, 마케팅을 배우는 것은 지식을 쌓기 위함이 아니라 한 번이라도 직접 실행하기 위함입니다.

마케팅 글쓰기 하나를 하더라도 마찬가지입니다. 글 쓰는 방법과 형식을 아무리 많이 읽어도 직접 글을 써보기 전까지는 잠재고객이 어떤 반응을 할지는 아무도 모릅니다.

111독서법을 활용해 나에게 필요한 마케팅 지식을 빠르게 배우고 실행에 옮기길 바랍니다.

Key Message

한 권의 책에서 한 개의 핵심 메시지를 찾아 실행에 옮겨 보자. 마케팅 책은 읽기 위해서가 아니라 실행하기 위해서 읽는 것이다.

DAILY MARKETING

PART 5

실행을 위한
마케팅 습관
만들기

마케팅 책을 읽고
배운 것을 실행하기

마케팅 책을
고르는 방법

이 책을 선택하신 이유는 뭘까요?

아마도 마케팅에 관해 해결하고 싶은 고민이나 문제가 있었을 것입니다. 그리고 이 책의 목차나 서문을 읽고 해결책을 찾을 수 있을 거라는 생각이 들었기 때문일 것입니다.

수십 년 동안 꾸준히 인기를 끌고 있는 책부터 최근에 출간된 책까지 마케팅에 관한 책은 수백 수천 권에 이릅니다. 그중 마케팅 전문가들과 인플루언서들이 추천하는 책도 다수입니다. 마케팅 초보라면 마케팅을 배우는 방법으로 가장 쉽게 택하는 방법이 마케팅 책을 읽는 것입니다. 하지만 다른 사람이 좋은 책이라고 추천한 책이 정작 자신에게는 그다지 좋은 책이 아닐 수도 있습니다.

그 이유는 크게 두 가지입니다. 첫째는 내가 해결하고자 하는 고민이나 문제의 해결책을 담고 있지 않은 책일 경우입니다. 둘째는 다른 사람들이 좋다고 추천한 책이지만 내가 읽고 소화하기에는 너무 어려운 책일 경우입니다.

제가 자주 듣는 요청 중 하나가 마케팅 책을 추천해 달라는 문의입니다. 그럴 때 오히려 제가 몇 가지를 먼저 묻고 나서 추천해 드립니다. 예를 들면 기존에 어떤 마케팅 책을 읽었었는지, 마케팅 책을 읽는 목적이나 해결하고 싶은 문제가 무엇인지와 같은 것입니다. 독자의 수준과 상황을 알아야 그에 맞는 책을 추천해 줄 수 있습니다. 마찬가지로 내가 마케팅을 공부하기 위해 책을 고를 때도 몇 가지 기준을 가지고 책을 선택해야 실패가 없습니다.

다른 사람들이 추천한다고 해서, 베스트셀러라고 무작정 구매부터 한다면 정작 도움은 하나도 안 되고 언제 구매했는지도 잊을 정도로 방구석 어딘가에서 먼지만 쌓이게 될 수도 있습니다.

마케팅 책을 읽고 마케팅 습관을 만들기로 했다면 몇 가지 기준으로 마케팅 책을 선택해야 합니다.

마케팅 책을 고르는 방법의 가장 첫 번째 기준은 '내가 해결하고 싶은 문제가 무엇인가?'를 명확히 하는 것입니다. 당연한 이야기 같지만 많은 사람이 잊기 쉬운 중요한 기준입니다. 광고나 인플루언서의 후기 등을 보고 마치 안 사면 안 될 것 같아 덥석 구매한 책이 정작 자신이 필요한 내용을 담고 있지 않은 경우는 주변에서 쉽게 볼 수 있습니다.

마케팅 책은 단순히 지식을 쌓기 위해 읽는 것이 아닙니다. 하나의 문장이라도 실행하기 위해 읽는 책입니다. 읽는 동안 재미있고 언젠가는 도움이 될 것 같은 책도 있습니다만 그것은 어디까지나 내가 마케팅 실력이 쌓이고 책을 선택하는 기준과 여러 권의 책을 읽은 후에 선택해도 되는 책입니다. 안 그래도 책장에 아직 다 읽지 못한 책이 있는데 굳이 읽지 않은 책 리스트에 한 권을 추가할 필요는 없습니다.

마케팅 책을 고르는 가장 중요한 첫 번째 기준은 '내가 해결하고 싶은 고민이나 문제의 해결책을 담은 책인가?'입니다.

두 번째 기준은 '책 내용을 이해할 수 있는가?'입니다. 즉 내가 책을 읽고 책에서 전달하는 지식이나 경험을 소화할 수 있는 수준이 되는가 하는 것입니다. 분명 내가 해결하고 싶은 고민이나 문제에 관해 이야기하는 것은 맞지만 아무리 읽어도 이해도 안 되고 뭘 해야 할지도 모른다면 그 책은 지금 나에게 좋은 마케팅 책은 아닙니다.

예를 들어 소비자 심리학에 관해 이야기하는 두 권의 책이 있다고 하겠습니다. 한 권은 세계적으로 유명한 작가가 쓴 책입니다. 심리학의 대가이고 권위 있는 상을 받기도 한 작가가 쓴 책입니다. 책의 두께도 상당한 소위 벽돌책이라고 불릴 정도로 많은 내용을 담고 있는 책입니다.

다른 한 권은 작가에 대해 아는 정보도 없고 베스트셀러도 아닙니다. 우연히 누군가의 블로그를 보고 흥미가 생겨 고른 100페이지 남짓한 얇은 책입니다.

소비자 심리학이라는 같은 주제의 책을 두 권을 읽었는데 세계적인 작가가 쓴 책은 1/3도 채 읽지 못했습니다. 어려운 용어가 들어간 논문과 실험 이야기도 나오고, 중요한 이야기를 하고 있다는 건 알겠는데 너무 이해하기가 어렵습니다. 반면에 다른 책은 하루 만에 뚝딱하고 다 읽었습니다. 무엇보다도 내가 자주 접하는 일상의 사례를 들어 이해하기가 쉬웠고 소비자 심리학이 어떤 것인지에 대해서는 대략의 감을 잡을 수 있었습니다.

과연 지금의 나에게는 어떤 책이 더 좋은 책이라고 할 수 있을까요? 내가 이해도 못 하고 책 내용을 마케팅에 활용하지도 못하는 책일까요? 아니면 유명한 작가가 쓴 책은 아니지만 나의 궁금증을 해결하고 이해도 잘 되는 책일까요?

'내가 내용을 이해할 수 있는 책인가?'를 기준으로 했을 때는 당연히 후자가 좋은 책입니다.

사람마다 마케팅에 관해 알고 있고 이해하는 지식과 경험의 차이가 있습니다. 따라서 다른 사람의 추천은 참고하되 어디까지나 마케팅에 관한 내 지식과 경험을 기준으로 선택해야 합니다.

마케팅 책을 고르는 세 번째 기준은 '꾸준히 판매가 되는 책인가?'입니다. 꾸준하다는 의미는 최신 유행이나 트렌드의 주제를 다루기보다는 오랜 시간이 지나도 여전히 통하는 본질과 기본에 관한 내용을 담고 있는 책인가라는 의미입니다.

예를 들면 최근 출간된 책 중 인스타그램을 이용하여 개인 브랜딩을 하거나 돈을 벌 수 있다는 책들이 여러 권 출간되었고 그

중에는 높은 인기를 끌고 있는 책도 있습니다. 그런데 최근에 혹시 페이스북으로 개인 브랜딩을 하거나 돈을 벌 수 있다는 책을 본 적이 있으신지요? 아마 못 보셨을 것입니다. 과거에는 있었습니다. 그리고 인기를 끌었습니다. 또 다른 예로 최근 서점에서 가장 많이 볼 수 있는 책 중 하나가 '챗GPT'에 관한 책입니다. 기술의 발전, 유행이나 트렌드를 따라가야 사람들의 관심을 더 많이 받고 책의 판매에도 도움이 됩니다. 그러므로 새로운 기술이나 유행이 등장하면 관련 책들이 서점에 등장하게 됩니다.

마케팅을 잘하기 위해서는 사람들의 관심과 기술의 발전에 대해 지속적인 관심과 배움이 필요합니다. 하지만 아직 마케팅 지식과 경험이 부족한 마케팅 초보로서는 지금의 유행과 트렌드를 쫓아서 책을 선택하기보다는 기술이 변하고 유행이 바뀌어도 여전히 통하는 마케팅의 본질과 기본에 관한 공부가 우선입니다.

마케팅 경력이 있고 마케팅 책을 여러 권 읽어 보신 분이라면 『마케팅 불변의 법칙』, 『포지셔닝』, 『브랜딩 불변의 법칙』, 『보랏빛 소가 온다』, 『마케팅이다』, 『스틱』, 『티핑포인트』, 『뇌, 욕망의 비밀을 풀다』 등의 책 이름을 한 번쯤은 들어 보신 적이 있을 것입니다.

이 책들이 출간된 지는 짧게는 수년 길게는 수십 년 된 책들입니다. 그런데도 여전히 지금도 판매되는 책입니다. 소위 마케팅 고전이라고 할 수 있습니다. 위에서 말한 책 중 어느 한 권도 인스타그램으로 브랜딩을 하고 돈 버는 방법에 관해 이야기하는 책은 없습니다.

마케팅 초보라면 책 선택에서 우선해야 할 것은 변하는 것이 아닌 변하지 않는 것에 대해 배우는 것입니다. 그렇지 않으면 매번 새로운 기술과 유행이 나올 때마다 쫓아가기 바쁘기만 하고 정작 마케팅에서 무엇이 중요한 것인지를 모르게 됩니다.

제가 자주 '나만의 마케팅 정의 내리기'가 중요하다고 이야기 하는 것도 같은 맥락입니다. 본질과 기본에 대한 이해가 먼저 있고 기술과 유행이 더해질 때 더 확장되고 올바른 방향의 마케팅이 가능하기 때문입니다.

마케팅이 무슨 의미인지도 모른 채 '인스타그램 팔로워를 많이 모으는 것'이 마케팅이라고 생각한다면 과거 페이스북이 그랬듯이 인스타그램의 유행이 끝나면 마케팅도 끝난다는 뜻이 되는 것입니다. 소셜미디어는 어디까지나 마케팅 전술을 실행하기 위한 하나의 도구일 뿐입니다.

마케팅 책도 마찬가지로 우선은 마케팅의 개념과 기본 지식을 쌓는 데 도움이 되는 책을 먼저 읽고 나서 최신 기술과 유행에 관한 책을 읽는 것이 훨씬 도움이 됩니다.

 **Key Message**

> 내가 해결하고 싶은 문제의 해결책을 이야기하는 책을 찾는다. 누가 추천했느냐가 아니라 내가 이해할 수 있는 책이 지금의 나에게 필요한 책이다.

하루 10분
마케팅 독서

통계청이 발표한 '2023년 사회조사' 결과에 따르면 13세 이상 인구 중 지난 1년 동안 책을 읽었다고 응답한 사람은 48.5%라고 합니다. 즉 1년 동안 책을 한 권도 안 읽는 사람이 두 명 중 한 명이라는 이야기입니다. 학생들을 제외하고 성인들만 기준으로 할 때는 더 수치가 낮아집니다. 1년에 책을 한 권도 읽지 않는 사람이 조사 인구의 절반이나 되는 이유는 여러 가지가 있겠지만 기존에 책을 통해 배우던 필요한 지식과 정보를 습득하는 방법이 다양하다는 점도 있을 것입니다.

책 대신 필요한 지식과 정보를 습득하는 방법 중 가장 쉬운 예로 유튜브가 있습니다. 유튜브에는 소위 북튜버라고 해서 다양한 분야의 책을 리뷰하는 유튜버들의 영상도 많습니다. 꼭 책을 리뷰하는 영상이 아니더라도 다양한 분야의 지식과 정보를 얼마든지 무료로 볼 수 있습니다. 영상을 보고 나면 마치 영상에서 읽어 주는 책 내용을 이해한 것 같은 생각이 들 수 있습니다만 실제로는 그렇지 않습니다. 앞서 미국 국립행동과학연구소(NTL)의 학습 피라미드에서도 말씀드렸지만 시청각자료를 통한 학습도 24시간 후의 기억률은 20%에 그치기 때문입니다.

영상을 통해 마케팅 지식을 습득하는 것보다 마케팅 책 독서를 추천하는 이유는 책을 읽으며 자기 생각을 정리할 수 있는 시간이 중요하기 때문입니다. 일방적인 지식 전달이 아닌 새로 습득한 지식을 기존의 자신이 기억하는 지식과 융합하여 새로운 사고를 할 수 있기 때문입니다. 물론 영상을 보는 동안에도 그 과정이 가능합니다만 독서를 통한 생각은 문장과 문장 사이 장과 장 사이의 생각을 정리하는 시간에서 그 차이가 생깁니다.

같은 책을 읽는 것과 유튜버가 읽어 주는 영상을 보는 것 중 자신에게 어느 것이 더 많은 사고를 할 수 있게 하는지를 직접 한 번만 해보면 그 차이를 분명히 느낄 수 있습니다.

하루 10분 마케팅 독서의 핵심은 책을 통한 지식의 습득뿐만 아니라 실행을 위한 사고력을 높이는 데 있습니다. 하루 10분 마케팅 독서를 위한 방법을 소개해 드립니다.

(1) 마케팅 독서를 위한 물리적 시간을 확보하기

: 이른 아침 시간을 추천합니다만 불가피하다면 잠자기 전 잠시의 독서와 잠자리에서 책 내용을 머릿속으로 리뷰해 보는 것도 추천합니다. 중요한 것은 하루 중 마케팅 책 읽기를 위한 시간을 확보하는 것입니다.

(2) 강제적 독서 활동

: 책을 읽는 사람들이 모인 다양한 북클럽이 많습니다. 오프라인으로 진행되는 것도 있지만 제가 운영하는 '111마케팅독서클럽'처럼 온라인에서 진행되는 것도 많습니다. 일정의 참가비를 내고 참여하면 독서 인증하는 등의 독서 활동을 할 수 있습니다.

(3) 스키밍(skimming) 독서법

: 전체 책을 빠르게 읽는 속독과 달리 스키밍은 내가 필요한 부분만 건너뛰며 읽는 방법입니다. 특히 마케팅 책은 고민과 문제 해결법을 찾기 위해 읽는 경우가 많습니다. 기승전결과 앞뒤 맥락이 중요한 책과 달리 마케팅 책은 빠르게 해결법을 찾고 실행에 옮기는 독서가 필요합니다. 따라서 긴 시간 독서하기 어려운 상황이라면 스키밍 독서를 통해 한 가지 핵심 메시지에 집중하는 것을 추천드립니다.

하루 10분 마케팅 독서의 복리 효과에 대해서는 앞서 말씀드렸습니다. 단기간 성과를 기대하기보다는 우선은 작은 성과와 작은 습관을 만드는 것을 목표로 하루 10분 마케팅 독서를 시작하기를 바랍니다.

Key Message

> 독서를 위한 물리적 환경을 세팅하자. 독서할 시간 확보, 함께 독서할 사람, 111독서법.

03

실행을 위한
핵심 메시지 찾기

⬦⬦⬦⬦⬦⬦⬦⬦⬦⬦⬦⬦⬦⬦⬦⬦⬦⬦⬦⬦

마케팅 책을 읽는 목적은 실행에 있다고 했습니다. 그리고 한 권의 책에서 한 개의 메시지라도 한 번을 실행한다면 책 한 권을 읽은 가치는 충분합니다. 따라서 마케팅 책을 읽을 때는 지금 내가 고민하는 문제를 해결하는 하나의 핵심 메시지를 찾는 것이 중요합니다.

예를 들어 마케팅을 하고 있기는 한데 제대로 하고 있는 건지 몰라서 전체적인 마케팅 전략을 세우는 방법이 궁금하다고 가정하겠습니다. 이 경우에 책에서 찾아야 하는 핵심 메시지는 마케팅 전략이 무엇인지에 대한 개념과 정의 그리고 마케팅 전략을 세우는 방법입니다. 책에 담긴 다른 내용은 핵심 메시지보다는 후순위입니다.

또 다른 예로 마케팅으로 잠재 고객을 모으는 방법을 알고 싶다면 마케팅 정의나 본질에 관한 내용보다는 프로세스와 프로세스를 실행하는 데 필요한 방법을 찾아야 합니다. 카피라이팅 방법, 자동화, 타깃 설정 등이 해당합니다.

이처럼 마케팅 책을 읽을 때는 빠르게 핵심 메시지를 찾고 실행에 옮기는 것이 중요합니다. 그런데 독서하고 핵심 메시지를 찾기 위해 우선 되어야 할 것은 나에게 필요한 책을 선택하고 빠르게 읽는 방법입니다. 그리고 마케팅 본질과 기본에 대한 지식과 이해가 없다면 방법을 찾는다 해도 그것을 제대로 활용하기 어렵습니다.

요컨대 마케팅 책을 읽고 핵심 메시지를 찾는 순서는 다음과 같습니다.

(1) 마케팅의 본질과 기본에 대해 배우기
(2) 마케팅에 대한 기본 지식과 이해를 배경으로 현재 내가 겪는 고민과 문제의 해결책을 담은 책을 선택하기
(3) 선택한 책을 스키밍 독서법으로 빠르게 읽으며 핵심 메시지를 찾기

핵심 메시지를 찾기 위해서는 '키워드'를 활용하는 방법이 있

습니다. 만약 마케팅 전략을 배우기 위한 핵심 메시지를 찾는다면 책을 선택하는 과정과 선택한 책의 목차와 내용에서 '마케팅 전략' 이라는 키워드로 검색을 하는 것입니다. 키워드를 활용하면 자연 스럽게 다른 내용들은 제외하고 내가 찾는 부분의 내용만을 먼저 검토할 수 있습니다.

검토 과정에서 내가 필요한 핵심 메시지가 있다면 그 책의 전 체 내용을 이해하기 위해 처음부터 스키밍 독서법으로 빠르게 훑 어보고 이후 해당 부분을 정독하는 방법을 추천해 드립니다.

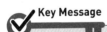

Key Message

'해결책'이라는 키워드를 활용해 핵심 메시지를 빠르게 찾아보 자. 핵심 메시지라는 해결하고 싶은 문제의 답을 찾기 위한 독 서를 우선하자.

04

검증을 위한
가설 세우기

책에서 핵심 메시지까지 찾았다면 이제는 실행을 준비하는 단계입니다. 여기서 검증이란 말은 마케팅에 핵심 메시지를 적용한다는 의미이고 가설이라는 것은 무엇을 실행할 것인지를 계획한다는 뜻입니다. 만약 책에서 찾은 핵심 메시지가 누가 내 잠재 고객인지를 설정하는 방법이라고 하겠습니다. 그렇다면 실행을 위한 가설은 책에서 배운 내용대로 잠재 고객을 설정을 하는 것입니다.

잠재 고객이 무엇을 고민하는지, 어떤 욕망과 문제를 해결하고 싶은지를 알고 있고 타깃 페르소나를 아래와 같이 설정했다고 가정하겠습니다.

- 성명 : 홍길동
- 나이 : 30세
- 학력 : 대졸
- 직업 : IT 기업
- 결혼 유무 : 미혼, 여자친구 교제 1년
- 거주지 : 회사 근처 자취
- 취미 : 축구 동호회, 컴퓨터 게임
- 연소득 : 4,000만원
- 피부 관리 방법 및 고민 : 지성 피부, 여자 친구 또는 선물

받은 제품 사용, 피부과를 다니거나 별도로 관리를 위한 노력은 하지 않음

그렇다면 내가 세워야 할 기본적인 가설은 아래의 내용들입니다.

(1) 잠재 고객은 어디서 찾을 수 있을까?
: 잠재 고객이 활동하는 곳(커뮤니티, 카페, 포털 등)
: 잠재 고객이 이용하는 온라인, 모바일 서비스

(2) 잠재 고객의 관심사는 무엇일까?
: 잠재 고객이 많이 검색하는 키워드
: 상품과 서비스의 혜택을 관심사와 연결하는 방법

(메시지, 이미지 등)

: 잠재 고객이 관심을 가지는 미디어와 콘텐츠

(소셜미디어 또는 방송 등)

(3) 상품과 서비스의 선택에 영향을 미치는 사람은 누구일까?

: 부모형제 등 가족

: 사회적 그룹(친구, 지인, 직장, 학교 등)

: 관심사 그룹(동호회, 모임, 취미 등)

(4) 잠재 고객이 현재 해결책을 이용하는 방법은 무엇일까?

: 지인의 추천

: 광고, 마케팅

: 후기

: 특별한 방법 없음

(5) 경쟁사의 마케팅 활동 방법은?

: 메시지

: 미디어

: 콘텐츠

: 마케팅 전략과 전술

위의 가설들 외에 필요한 가설은 추가해도 좋습니다. 위의 내용에 답을 해봅니다. 그러면 아직 확인되지 않았지만 예상하는 결과에 대한 실행 방법을 정리할 수 있습니다.

예를 들면 잠재 고객이 주로 활동하는 스포츠 커뮤니티에서 기름기 많은 피부 관리에 대한 방법을 이야기하기로 합니다. 피부 관리가 잘 되었을 때 소개팅, 면접 등에서 좋은 이미지를 줄 수 있다는 혜택을 강조하되 잠재 고객이 상상할 수 있는 이미지와 영상을 함께 제공합니다. 여자 친구가 추천해 준 사례들이 많다는 것과 잠재 고객과 같은 고민을 해결한 비슷한 사람들이 많다는 이야기도 합니다. 경쟁사가 체험 마케팅으로 좋은 성과를 냈던 것을 벤치마킹하여 스포츠 커뮤니티 내에서 체험단 모집 이벤트를 진행합니다.

이와 같은 가설을 세우고 각각의 단계에서 최소 2가지 이상의 선택안을 만들어야 합니다. 그래서 검증 단계에서 선택안을 테스트하고 어떤 것이 더 나은 성과를 만들었는지 확인할 수 있습니다.

Key Message

가설은 실행을 통해 문제 해결이 되는 스토리를 만들어 보는 것이다. 가설이라는 대본에 따라 직접 연기를 해보고 NG가 나는 곳이 어디인지 찾아 개선해 보자.

05

실행으로 검증하고
개선하기

검증과 개선은 가설을 직접 실행하여 성과를 확인하고 더 높은 성과를 위해 가설을 수정과 보완하는 단계입니다. 그리고 이 단계에서는 반복이 중요합니다. 성과가 높은 가설을 개선한 후 새로운 가설을 세우는 것이 아닌 성과가 하락하기 전까지 지속적으로 반복하는 것입니다.

마케팅 실무를 진행하며 자주 볼 수 있는 판단 실수는 성과를 내는 광고 또는 마케팅 방법을 단지 '싫증 난다'라는 이유로 교체하는 것입니다. 이 판단이 실수라고 하는 이유는 '싫증 난다'라는 것은 지극히 주관적인 생각이기 때문입니다. 더구나 마케팅의 목적이나 목표 달성과도 상관없는 지극히 감정적인 판단이기도 합니다.

첫째, 잠재 고객은 나만큼 내가 전달하는 광고와 마케팅 메시지를 보거나 듣지 않았습니다.

둘째, 성과가 나고 있는 광고와 마케팅 활동은 교체할 대상이 아니라 투자할 대상입니다.

셋째, 잠재 고객의 인식 속에 하나의 메시지가 자리 잡기 위해서는 비용과 시간이 필요합니다. 성과를 내는 마케팅 방법의 최선은 그것을 반복하는 것입니다.

기본적으로 위의 세 가지 이유로 섣불리 성과를 내는 광고나 마케팅 방법을 교체해서는 안 됩니다.

앞서 세운 가설을 실제로 잠재 고객을 대상으로 진행합니다. 진행하는 과정에서 검증을 위해 확인해야 할 것은 마케팅 목적과 목표 그리고 기간과 비용입니다. 예를 들면 이 가설의 목적은 타깃 페르소나와 비슷한 잠재 고객이 제품을 체험해 보는 것이라고 할 때 1차 목표는 체험 신청을 몇 명이 하느냐가 될 수 있습니다.

가설에 따른 마케팅 활동을 스포츠 커뮤니티에서 진행했고 1,000명의 제품 체험 신청받아서 1,000명의 잠재 고객 정보를 확보했다고 가정하겠습니다.

이것을 하기 위해 1개월 동안 1천만 원의 예산이 투입되었다면 1명의 체험 신청과 잠재 고객 정보를 확보하는 데 든 비용은 1만원이 됩니다. 같은 기간 같은 예산으로 소셜미디어 콘텐츠를 만들고 광고를 해서 10,000명의 제품 체험 신청을 받았다면 1명의 체험 신청과 잠재 고객 정보를 확보하는 데 든 비용은 1천원입니다. 즉 스포츠 커뮤니티에서의 마케팅 활동보다 같은 예산으로 1,000%의 높은 성과를 만들었다는 뜻이 됩니다.

여기서 놓치면 안 되는 내용은 성과는 소셜미디어에서의 활동이 훨씬 좋았지만 스포츠 커뮤니티에서 체험 신청한 잠재 고객이 처음 설정한 고객 페르소나와 더 가까운 사람들일 수도 있다는 것입니다. 즉, 스포츠 커뮤니티에서 확보한 고객 정보가 소셜미디어에서 확보한 고객 정보보다 실제 고객이 될 가능성이 높은 사람들일 수 있다는 점입니다.

요컨대 가설을 검증하는 과정에서 수치상의 성과를 판단하는 것도 중요하지만 그에 못지않게 확보된 데이터와 성과를 분석하여 그것의 숨겨진 의미를 찾아내는 것도 중요하다는 뜻입니다.

수치에 매몰되면 의미를 잃게 될 수 있습니다. 마케팅 성과를 표현하는 다양한 지표들 속에서 그 의미를 해석하는 능력은 가설을 검증하는 과정에서 매우 중요합니다.

가설을 검증해서 어떤 가설이 성과를 만드는지를 알게 되었다면 개선점을 찾아야 합니다. 성과를 나타내는 지표들의 의미를 해석하고 다시 개선된 가설을 세웁니다.

예를 들면 소셜미디어에서 체험 신청하는 과정에서 좀 더 타깃 페르소나와 유사한 사람을 찾기 위해 추가적인 경품을 제공하더라도 몇 가지 설문이나 미션을 제공하는 방법을 생각해 볼 수 있습니다. 또는 지인 추천하고 참여하면 별도의 이벤트 참여가 가능한 방법으로 더 많은 잠재 고객을 모집하는 방법도 생각해 볼 수 있습니다.

결론적으로 성과가 나는 가설의 결과를 확인하고 개선점을 찾아서 다시 반복하는 것이 가설을 검증하고 개선하는 단계에서 해야 할 일입니다.

지금까지 5단계를 통해 마케팅 책을 읽고 실행에 옮기는 방법을 말씀드렸습니다. 간단히 요약을 하면 (1) 내 수준에 맞는 문제 해결책을 담고 책을 선택하기 (2) 하루 10분 마케팅 독서를 위한 물리적 시간 확보하기 (3) 문제 해결을 위한 핵심 메시지 찾기 (4) 실행을 위한 가설 세우기 (5) 가설을 검증하고 개선하기입니다.

마케팅 책을 읽었다면 실행까지 옮기는 것을 습관화해서 배운 것을 아는 것으로 만들어야 합니다. 하루 10분 마케팅 습관으로 마케팅 초보 탈출과 실력 향상의 두 마리 토끼를 잡아 보기 바랍니다.

 Key Message

> 많은 책보다 많은 글을 읽는 것이 중요하다. 그리고 더 중요한 것은 읽은 것을 실행하는 것이다. 습관을 만들면 생각할 필요도 의지도 감정도 더 이상 장벽이 되지 않는다. 하루 10분 마케팅 습관 만들기를 목표로 하자.

DAILY MARKETING

PART 6

하루 10분
마케팅 습관과
레벨업 플랜

실전! 마케팅 습관 만들기 계획과
실행 방법

마케팅
레벨업 테스트

◈ **초보와 고수의 차이점**

무엇으로 초보와 고수를 구분할 수 있을까요?

우리가 무슨 일을 할 때 초보와 고수를 어떻게 구분하는지 생각해 보겠습니다.

예를 들어 골프를 배운 지 얼마 되지 않았지만, 자신을 가르쳐 주는 프로보다 드라이브 거리가 더 멀리 나왔다고 하겠습니다. 그런데 단지 볼을 더 멀리 보냈다고 해서 고수라고 하지는 않습니다. 마찬가지로 무술 영화에서 자주 보는 장면 중 한 가지는 젊은 제자가 나이 많은 할아버지 스승에게 고된 수련을 받는 장면입니다. 누

PART 6 하루 10분 마케팅 습관과 레벨업 플랜　　　　　　　　203

가 보더라도 젊은 제자가 훨씬 몸이 좋고 빨리 뛰고 힘이 세다고 생각되지만 고수라고 하지 않습니다.

즉 고수라고 하는 기준 중 하나는 골프 프로와 무술 스승님처럼 다른 사람을 가르쳐 줄 정도로 한 분야에서 쌓은 실력과 경력이 있다는 것이 전제됩니다. 그리고 또 다른 기준 중 하나는 다른 사람을 가르칠 수 있는 이론을 겸비하고 있다는 것입니다. 프로선수들도 자신이 슬럼프에 빠져 원래의 실력을 발휘하지 못할 때는 코칭을 받습니다. 고수들의 코칭을 통해 문제의 원인과 해결책이 무엇인지를 배웁니다. 실력은 프로선수가 더 나을지 몰라도 고수는 프로선수의 슬럼프를 해결할 수 있는 이론을 알고 있기 때문입니다.

결국 초보와 고수를 구분하는 요소 세 가지는 다른 사람을 가르칠 수 있을 정도의 '경력', '실력', '이론'을 갖추고 있는가, 없는가로 구분할 수 있습니다. 그리고 누군가를 가르칠 수 있다는 것은 자신이 직접 배우고 해봤다는 것이 기본입니다.

초보가 왕초보를 가르칠 수 있다고 이야기하는 것을 보았습니다. 그것이 아주 틀린 이야기는 아닙니다만 문제가 있습니다. 초보가 가르치는 수준과 방법이 큰 방향에서 볼 때는 잘못된 방향일 수 있기 때문입니다. 잘못 배우면 편법과 꼼수만 늘 뿐 문제의 핵심을 파악하지 못한 채 새로운 문제가 나타나면 그 방법이 통하지 않을 수 있기 때문입니다. 한번 잘못 길든 자세를 고치는 것이 더 어려운 법입니다. 처음 배울 때부터 고수에게 배우는 것이 현명합니다.

예를 들면 초보가 소 뒷걸음질 치다가 쥐를 잡은 것을 마치 문제의 해결책을 깨달은 것이라고 오해할 수 있다는 뜻입니다. 그리고 그것을 다시 왕초보에게 가르치게 되면 문제의 해결책을 알려준 것이 아니라 편법과 꼼수를 배우게 되는 것이라는 뜻입니다. 그 방법으로는 다른 문제의 해결책이 될 수 없어서 결국 시간과 노력을 효율적으로 사용하지 못합니다.

고수에게 한 번 물어서 해결할 수 있는 것, 배움과 경험을 통해 배워야만 하는 것을, 마치 어떻게 하면 제대로 된 방법과 배움을 피해서 다른 방법을 찾고 있는 이상한 모습이 되는 것입니다.

온라인에서 사람들을 현혹하는 '하루 만에 돈 버는 법', '일주일 만에 마케팅 고수가 되는 법' 등과 같이 단기간에 이룰 수 없는 것을 할 수 있다고 하는 것은 시작부터 잘못된 이야기입니다. 후킹 문구도 아닌 그저 자극적인 문구로 사람을 현혹해서 결국 '본인'만 돈을 벌고 성과를 만들기 위한 이야기입니다.

해당 분야에서 성공한 고수의 이야기를 들어야 합니다. 고수 중에 '하루 만에', '일주일 만에', '이것만 알면' 이런 방식으로 성공한 고수는 없다는 것을 금세 알 수 있습니다. 처지를 바꿔 생각해 보면 이해하기 쉽습니다. 내가 전문가로 인정받는 분야에서 누군가가 그 분야의 고수가 하루 만에 될 수 있다면 그 말을 믿으실 수 있을까요?

서울대학교를 나온 어느 수능 강사가 답답해하며 한 이야기입니다. 성적이 안 좋은 학생들끼리 서로 물어보고 답을 맞추지 말라는 것입니다. 모르는 문제가 있으면 제일 잘 알고 있는 자신에게 물어봐야지, 왜 잘 알지도 못하는 서로가 물어보고 있느냐는 이야기입니다.

그러면 어느 정도가 되어야 도대체 고수라고 할 수 있느냐는 질문이 생길 수 있습니다. 고수냐 아니냐를 마치 무 자르듯 단정 지어 구분할 수 없지만, 지금까지의 예를 기준으로 볼 때 자신이 누군가를 가르칠 수 있을 정도로 해당 분야에서 최소 수년의 경험, 자신이 직접 실행한 성과 그리고 그 경험과 성과를 설명할 수 있는 이론을 갖추고 있느냐를 기준으로 판단할 수 있습니다.

한 가지 유의할 점은 단순히 한 분야에서 근무한 시간이 길기만 하다고 해서 다른 사람을 잘 가르칠 정도의 고수가 아닐 수 있다는 점입니다. 지금은 통용되지 않는 과거의 낡은 방식으로 오랜 시간만 보내거나 실제로 자신의 성과가 아닌 동료나 파트너의 성과로 커리어만 쌓은 소위 '물경력'인 경우도 있기 때문입니다.

드라마 미생의 한 대사입니다.

"격식을 깨는 거야. 파격이지. 격식을 깨지 않으면 고수가 될 수 없어."

고수는 자신의 분야에 대해 제대로 학습하고 연구하면서 변하는 것과 변하지 않는 것을 구분할 줄 압니다. 또한 과거의 지식과 경험에만 얽매이지 않고 사람과 사회의 변화에 따라 변할 수 있어야 합니다.

초보는 나무를 보고 숲을 안다고 하지만, 고수는 숲을 보고 나무의 부족함을 아는 법입니다. 고수가 되기 위해서는 최소한 자신의 분야에서 핵심과 본질을 파악하고 있어야 합니다.

◈ 마케팅 레벨 테스트

마케팅 레벨 테스트라고 했지만, 사실상 누군가의 마케팅 레벨을 객관적 지표로 구분하는 방법은 없습니다. 이후에 말씀드릴 마케팅 레벨업 코스를 선택하기 위한 질문 정도로 이해하시면 좋을 것 같습니다.

앞서 초보와 고수의 차이점을 이야기하면서 일반적으로 고수를 판단하는 기준은 경험, 성과, 이론이라는 세 가지 요소가 포함된다는 것을 알 수 있었습니다.

본인이 현재까지 쌓아 온 경험, 성과, 이론을 바탕으로 부담 없이 각 질문에 대한 답을 하고 점수를 합산하여 해당하는 레벨과 코스를 확인하는 데 참고 바랍니다. 사람마다 속했던 조직의 규모와 구성이 다르고 다양한 경험을 일반화할 수는 없습니다. 단지 코스를 선택하기 위한 기준으로 생각하기를 바랍니다. 질문의 답변은 본인이 경험한 최근, 최대를 기준으로 합니다.

1. 마케팅 관련 업무, 연구 기간

    ① 3년 미만 ——— 1점
    ② 3년 ~ 11년 미만 ——— 2점
    ③ 11년 이상 ——— 3점

2. 본인이 속한 마케팅팀의 인원 수

    ① 1명 이하 ——— 1점
    ② 2명 이상 ~ 6명 미만 ——— 2점
    ③ 6명 이상 ——— 3점

3. 직접 담당했던 프로젝트의 최대 예산 규모

    ① 1억원 미만 ——— 1점
    ② 1억원 이상 ~ 10억원 미만 ——— 2점
    ③ 10억원 이상 ——— 3점

4. 마케팅 담당으로 최종(현재) 직급

    ① 사원 ~ 과장(팀원, 매니저) ——— 1점
    ② 부장, 국장(팀장, 프로젝트 매니저) ——— 2점
    ③ 이사, 대표(C레벨, 결정권자) ——— 3점

5. 직접 수행 가능한 마케팅 관련 업무

가) 마케팅 기획 나) 광고 기획 다) 예산 및 일정 라) 콘텐츠(글, 이미지, 영상 등) 제작
마) 미디어믹스 작성 바) 소셜미디어 운영 사) 광고 운영 아) 프리젠테이션 작성 및
발표 자) 홈페이지 기획 차) 카피라이팅

    ① 4가지 미만 ——— 1점
    ② 4가지 이상 7가지 미만 ——— 2점
    ③ 7가지 이상 ——— 3점

6. 마케팅 프로젝트 수행 경험

    ① 50건 미만 ——— 1점
    ② 50건 이상 ~ 100건 미만 ——— 2점
    ③ 100건 이상 ~ ——— 3점

7. 국내외 광고/마케팅 분야 수상 경력

    ① 없음 ——— 1점
    ② 5회 미만 ——— 2점
    ③ 6회 이상 ——— 3점

8. 본인 명의 사업자 경험 유무

    ① 없음 ——— 1점
    ② 있음 ——— 3점

9. 마케팅 업무를 했던 근무 기업 규모

    ① 자영업, 스타트업 ——— 1점
    ② 중소기업(100위 ~ 50위권 이하 대행사) ——— 2점
    ③ 대기업(대기업 인하우스, 상위 50위권 대행사) ——— 3점

10. 마케팅을 담당했던 상품 또는 서비스의 연간 매출 규모

    ① 1억 이하 ——— 1점
    ② 1억원 이상 ~ 10억원 미만 ——— 2점
    ③ 10억원 이상 ——— 3점

11. 마케팅 관련 출판물 출간(책 등)

① 없음 ——— 1점
② 1권 이상 ——— 3점

12. 마케팅 강의, 방송, 수업 진행(학교, 온라인 등)

① 없음 ——— 1점
② 1회 이상 ——— 3점

13. 마케팅 정기적 칼럼 기고(신문, 방송, 잡지 등)

① 없음 ——— 1점
② 1회 이상 ——— 3점

14. 자신만의 마케팅 정의를 지금 한 문장으로 말할 수 있다

① 없다 ——— 1점
② 있다 ——— 3점

15. 마케팅, 브랜딩, 심리학 관련 독서(책, 논문 등)

① 연 1권 이하 ——— 1점
② 연 2권 이상 10권 미만 ——— 2점
③ 연 11권 이상 ——— 3점

16. 마케팅, 브랜딩 관련 콘텐츠 정기적 생산, 공유(홈페이지, 소셜미디어 등)

① 없다 ——— 1점
② 있다 ——— 3점

17. 마케팅 관련 상품 또는 서비스 제공(강의, 서비스, 대행, 컨설팅 등)

① 없다 ——— 1점
② 있다 ——— 3점

18. 마케팅 관련 모임, 커뮤니티 정기 운영 또는 참여

① 없다 ——— 1점
② 있다 ——— 3점

19. 상품 또는 서비스의 기획, 제조, 유통, 판매 과정을 모두 경험

① 없다 ——— 1점
② 있다 ——— 3점

20. 온라인 또는 오프라인 커머스(매장) 운영 경험

① 없다 ——— 1점
② 있다 ——— 3점

◈ 나의 마케팅 레벨은

　총 20가지의 질문에 답하며 확인한 점수를 기준으로 자신이 속한 마케팅 레벨을 확인 바랍니다. 앞서 말씀드렸듯이 어디까지나 마케팅 레벨업 코스를 선택하기 위한 기준이니 큰 의미를 두지 말고 빠르게 확인하고 넘어가면 됩니다.

점수 구간	~30점	31점~50점	51점~60점
	초보	중수	고수
구분	다양한 경험과 학습의 시간이 필요한 단계	깊이 있게 파고 들어 한 분야를 선택할 단계	자신의 지식과 경험을 공유하고 가르쳐 줄 단계
레벨업 방향	다양한 배움 확장 질보단 양	전문 분야 선택 실력과 성과	생산과 공유 후임 양성

　마케팅의 레벨업 과정은 한글 모음 'ㅗ'와 같은 모습 또는 압정과 같은 모습이라고 생각합니다. 처음에는 넓은 범위의 다양한 분야에서 여러 지식과 경험을 쌓는 것이 필요합니다. 이것은 초보의 단계입니다. 그리고 점점 경험과 지식이 쌓여 갈수록 자신만의 한 가지 뾰족한 분야에서 돋보이는 성과를 만들어 나가야 합니다. 이것이 중수의 단계입니다. 그렇게 계속 성과를 만들어 가면 자신과 같이 한 가지 분야에서 돋보이는 성과를 만든 사람들을 만날 수 있습니다. 그런 사람들이 모여 다시 다른 결과를 만들어 냅니다. 최

종적으로는 자신의 지식과 경험을 배우고자 하는 다른 사람들에게 공유하고 나누는 단계에 이르게 됩니다. 이것이 고수의 단계입니다.

만약 자신이 초보의 단계라면 우선은 고수의 단계를 따라 하기보다는 고수가 밟아 온 초보와 중수의 단계를 따라 해야 합니다. 가끔 아직 스스로가 충분한 경험도 없고 한 분야에서 깊이 있는 지식이나 성과가 없음에도 불구하고 고수의 흉내를 내는 경우를 보게 될 때가 있습니다. 문제는 그렇게 다른 사람에게 고수처럼 보이려고 노력하는 것이 결코 고수를 만들어 주는 것이 아니라는 점입니다.

고수를 따라 하라는 말에 대해 오해하면 안 됩니다. 마치 내가 이미 고수인 것처럼 지금 고수의 겉모습을 흉내 내는 것이 따라 하는 것이 아닙니다. 고수를 따라 하라는 말은 고수가 걸었던 배움의 시간을 고수의 자세로 따라가는 것입니다. 그 과정에서 고수가 겪었던 시행착오를 겪을 수도 있고 그렇지 않을 수도 있습니다. 고수가 겪었던 시간의 경험에서 얻는 깨달음을 배워야 합니다.

초보가 왕초보를 가르친다는 말이 자칫하면 잘못된 배움의 길이 될 수 있다고 한 이유입니다. 초보는 아직 어느 길이 고수의 길인지를 모른다는 뜻입니다. 자신도 어느 길로 가야 하는지를 모르면서 다른 사람에게 길을 안내하는 것보다 차라리 모르는 것은 모른다고 하고 고수에게 묻는 것이 현명합니다.

물론 분야에 따라 레벨업의 단계가 빠르거나 초보와 고수의 차이가 크지 않은 일도 있습니다. 다만 이것을 마케팅의 레벨을 정량화할 수 없듯이 일반화해서는 안 됩니다. 다양한 경험을 하고 기초를 탄탄히 하는 일은 결코 시간 낭비가 아닙니다.

스티브 잡스는 스탠포드 대학교 졸업식 연설에서 이렇게 이야기했습니다.

"우리는 미래를 내다보면서 점을 이을 수는 없습니다. 우리는 오직 과거를 돌이켜 보면서 점을 이을 수 있을 뿐입니다. 따라서 여러분들이 지금 잇는 점들이 미래의 어떤 시점에서 서로 연결될 것이라는 믿음을 가져야 합니다. 이런 접근법은 저를 결코 낙담시키지 않았고 제 삶의 모든 변화를 만들어 내었습니다."

스티브 잡스는 이것을 'connecting the dots' 라고 표현하였습니다.

초보에서의 배움은 바로 매 순간 경험하는 다양한 점(dot)을 만드는 일입니다. 그리고 고수로 향해 가는 길에서 그 점들(dots)이 선으로 연결될 것입니다.

다음 장에서 각 레벨에 따라 그리고 분야에 따른 마케팅 코스에 따라 각각 마케팅 레벨업 방법을 좀 더 말씀드리겠습니다.

마케팅 레벨업
학습법

◈ **초보의 레벨업**

마케팅 레벨	레벨업 방향	레벨업 방법	학습 분야
초보	다양한 배움 확장 질보단 양 생각의 크기 키우기	다양한 업무 경험 독서, 강의, 모임 멘토 정하고 따라 하기	현재 업무 분야에서 배움의 가지치기 비즈니스, 심리학

초보의 어려움은 뭐가 있을까요? 기본적으로 초보가 가장 힘들어하는 부분 중 하나는 전체적인 구조를 모른다는 것입니다. 전체적인 구조를 모른다는 뜻은, 내가 지금 어디쯤 위치하고, 무엇을

왜 하고 있는지를 잘 모른다는 뜻입니다.

한마디로 하면 2차원적인 평면에서 숲을 바라보는 것과 마찬가지입니다. 숲 전체는 보지 못하고 내 눈앞의 나무만 본다는 뜻입니다. 특히 규모가 작은 조직에서 자주 발생되는 일입니다. 마케팅을 잘 알거나 경험 있는 사람도 없고 가르쳐 주는 사람도 없다 보니 생기는 문제입니다. 하라고 해서 하고 일은 하고 있는데 지금 하는 것이 제대로 잘하는 것인지, 필요한 일인지에 대해 회의감이 들 때가 생깁니다. 또는 스스로가 잘 알고 있다고 생각하지만, 그것은 어디까지나 현재 하는 일이 익숙해졌을 뿐입니다.

저의 예를 들면, 초보 시절에 스스로 굉장히 좋은 아이디어가 있다고 생각해서 내부에서 발표를 했지만, 당시 저의 멘토는 그것을 받아들이지 않았습니다. 그래서 이유를 묻고 여러 차례 설명을 들었음에도 당시의 저는 받아들여지지 않은 이유를 이해하지 못했습니다. 당시의 제 지식과 경험의 수준에서 좋은 아이디어일 뿐이지 전체적인 구조에서 필요한 아이디어는 아니었던 것입니다.

큰 방향에서 넓고 멀리 바라봐야 하는데, 당시의 저는 아직 구조를 이해할 수 있는 수준에 이르지 못했기 때문에 생기는 일이었습니다. 또한 아이디어는 주관적 평가를 떠나 객관적으로 실현할 수 있는 것이냐 아니냐를 따져 볼 필요도 있습니다.

예를 들면, 아이디어는 좋은데 당장 그것을 진행할 만한 비용이나 인력이 없다면 사실은 현실적으로 진행이 불가하다는 것입니다. 그 뜻은 현재 하는 일의 전체 구조나 방향을 아직 제대로 파악하지 못했다는 뜻이기도 합니다.

아이디어 자체가 너무 작은 디테일에 집중하기도 합니다. 우선 전체적인 큰 그림과 방향이 결정되어야 하는데 큰 그림을 보지 못하기 때문에, 아직 결정되지 않은 방향의 아이디어를 먼저 이야기 하기도 합니다.

초보의 세계관에서 생각할 수 있는 아이디어의 크기와 방향이 아직 전체적인 일의 크기를 감당할 정도가 되지 않기 때문입니다. 지식과 경험이 생각의 크기를 키워 줄 수 있는데 아직 지식과 경험이 부족하기 때문입니다. 즉 고수보다 절대적인 인풋의 양이 부족하다는 뜻입니다.

초보의 마케팅 레벨업 방향은 질보다는 양을 추구하면서 전체적인 구조를 파악하는 방향이 되어야 합니다. 깊이 있는 이해가 어렵기 때문에 우선 겉으로 드러나는 현상에 대해 파악해야 합니다.

예를 들면 지금 하는 일이 무엇을 목적으로 하는지, 생산-유통-판매의 과정에서 어느 부분인지, 내가 하는 일이 전체 일의 과정에서 어떤 결과에 영향을 주는지, 왜 지금 내가 이 일을 해야 하는 것이지, 이 일을 더 잘하기 위해서 알아야 할 것은 무엇인지 등입니다.

현재 하는 일의 구조를 파악하는 것 그리고 그와 연계된 일은 어떤 일이 있는지를 알고 가능한 많은 경험을 하려고 해야 합니다. 다른 부서의 또는 옆의 동료가 하는 일이 내가 하는 일이 아니기 때문에 자세히 알 필요가 없다고 생각하는 것은 큰 오해입니다.

앞서 스티브 잡스의 말을 인용했던 것처럼 지금은 결과를 판단할 수 없는 여러 가지 경험은 미래의 어느 순간에 전부 연결될 수 있는 점을 찍는 일입니다. 모든 일에 관심을 가지고 모든 일을 깊이 파야 한다는 이야기는 아닙니다. 다만 어느 조직에서 진행되는 일들이 내가 직접 하지 않는다고 해서 나와 전혀 관계없는 일이 아니라는 뜻입니다. 높은 곳에서 바라보면 결국은 한 조직에서 벌어지는 일들이 모두 내가 하는 일과 보이지 않는 선으로 연결되어 있습니다. 따라서 초보 단계에서는 다양한 업무 경험과 배움의 넓이를 확장하는 것이 중요합니다.

내가 하는 일을 내부에서 가르쳐 줄 사람이 없다는 것이 마케팅 레벨업을 하지 못하는 이유가 되지 못합니다. 내부에서 해결책을 찾을 수 없다면 외부에서 찾아야 합니다.

마케팅 레벨업을 위한 배움의 순서는 다음과 같은 과정을 따르는 것을 추천합니다.

1. 내가 속한 업무와 비즈니스의 전체 큰 그림을 이해하기

: 제품의 기획, 생산 및 유통 과정뿐만 아니라, 시장의 규모, 경쟁사, 히스토리, 향후 전망, 타깃, 연관된 비즈니스 등에 대해 이해하기

: 마케팅뿐만 아니라 디자인, 생산, 경영, 고객관리 등 연관된

분야의 모든 업무 과정에 대해 이해하기

2. 멘토 찾기

: 내가 속한 분야의 고수를 찾아서 직접 만나서 배우거나 고수가 제공하는 온라인 강의, 고수가 속한 모임 등을 나가기

: 직접 만날 수 없더라도 책이나 영상을 통해 멘토를 찾고 그가 걸어온 시간의 길을 따라가기, 멘토가 이야기하는 레벨업 방법을 실행하기, 지금의 성과가 아닌 방향에 초점을 맞추기

3. 지식과 경험의 크기 확장하기

: 경영, 심리, 인문 등 비즈니스와 사람을 이해하고 생각의 크기를 키울 수 있는 분야에 대한 지식과 경험하기, 책을 읽거나 영화, 예술, 예능, 스포츠 등 다양한 분야에 관심을 가지고 배우기

이 과정을 통해서 초보가 가장 먼저 명확히 해야 하는 것은 '마케팅이 무엇인지에 대한 자신만의 명확한 정의를 내리는 것'입니다. 점점 아는 것이 늘어나고 경험이 늘어나면서 마케팅의 정의도 달라질 수 있습니다. 그런데도 자신만의 명확한 정의가 필요한 것은, 나만의 마케팅 정의가 나침반이 되어 주기 때문입니다. 내가 하는 마케팅이 누구를, 무엇을 향하고 있는지를 가르쳐 주기 때문입니다.

마케팅을 레벨업 하기 위해서는 사람 이해, 개념 이해, 가설 검

증의 3단계가 필요합니다. 초보의 마케팅 레벨업을 위해 도움이 되는 책을 추천해 드립니다. 일부 책은 현재는 절판되어 중고로 구매할 수 있는 책도 있다는 점 참고 바랍니다.

1단계 : 사람 이해

(1) 그래서 마케팅에도 심리학이 필요합니다 : 진변석, 김종선

(2) 어떻게 팔지 답답할 때 읽는 마케팅 책 : 리처드 쇼튼

(3) 초전 설득 : 로버트 치알디니

(4) 스틱! : 칩 히스, 댄 히스

(5) 티핑포인트 : 말콤 글래드웰

(6) 넛지 : 리처드 탈러, 캐스 선스타인

(7) 기획자의 습관 : 최장순

(8) 끌리는 것들의 비밀 : 윤정원

(9) 마케터는 새빨간 거짓말쟁이 : 세스 고딘

(10) 변하는 것과 변하지 않는 것 : 강민호

2단계 : 개념 이해

(1) 마케팅이다 : 세스 고딘

(2) 보랏빛 소가 온다 : 세스 고딘

(3) 마케팅 불변의 법칙 : 알 리스, 잭 트라우트

(4) 브랜딩 불변의 법칙 : 알 리스, 로라 리스

(5) 포지셔닝 : 알 리스, 잭 트라우트

(6) 차별화 마케팅 : 잭 트라우트, 스티브 리브킨

(7) 핑크펭귄 : 빌 비숍

(8) 마케터의 일 : 장인성

(9) 나의 첫 마케팅 수업 : 박주훈

(10) 기획자의 습관 : 최장순

3단계 : 가설 검증

(1) 마케터의 문장 : 가나가와 아키노리

(2) 끌리는 컨셉의 법칙 : 김근배

(3) 마케팅 때문에 고민입니다 : 이승민

(4) 내 운명은 고객이 결정한다 : 박종윤

(5) 마케팅 천재가 된 맥스 : 제프 콕스, 하워드 스티븐스

6) 보는 순간 사게 되는 1초 문구 : 장문정

(7) 안 팔려서 답답할 때 읽는 판매의 기술 : 가와카미 데쓰야

(8) 입소문 전염병 : 간다 마사노리

(9) 꽂히는 글쓰기 : 조 비테일

(10) 1페이지 마케팅플랜 : 앨런 딥

◈ 중수의 레벨업

마케팅 레벨	레벨업 방향	레벨업 방법	학습 분야
중수	전문 분야 선택 실력 키우기와 나만의 성과 만들기	한 분야 깊이 파기 다양한 분야의 관점을 넓히기	인문학, 사회학, 행동경제학, 심리학

중수는 경력이 수년 정도 되기 때문에 현재 하는 일에 대해서는 이미 익숙한 단계입니다. 고수가 무슨 말을 하면 알아듣고 실행에 옮길 수 있습니다. 초보를 지도할 수 있으며 일의 양보다 퀄리티를 높이는 데 집중하는 단계입니다.

오히려 지금 하는 일의 반복이 지루하고 때론 지겹게 느껴지기도 합니다. 지금 하는 일이 내가 좋아서 하는 일인지, 단지 돈 때문에 하는 일인지, 적성에 맞는 건지 아닌지 등 업무 외적으로 여러 가지 생각이 많습니다. 그리고 일하면서 많은 천재와 고수를 만나게 됩니다. 상대적으로 자신의 실력과 미래에 대해 불안함을 느끼기도 합니다. 반대로 이미 내가 고수가 된 것 같은 착각을 할 때도 있습니다.

한마디로 이제 뭘 좀 아는 것 같은 단계입니다. 아는 것과 모르는 것을 구분할 수 있게 되면서 때론 어깨에 힘이 들어가기도 하고 때론 부족함에 좌절하기도 합니다. 그리고 고수로 향해 가는 길을 더 나아갈지 말지를 결정하는 단계이기도 합니다.

마케팅의 길이 더 이상 내 길이 아니라고 결정한다면 그것으로 그 길은 끝이지만, 만약 계속 고수를 향해 길을 걷겠다면 초보의 배움과는 다른 과정이 필요합니다.

마케팅의 레벨업 과정을 한글 모음 'ㅗ' 와 같은 모습 또는 압정과 같은 모습이라고 비유했습니다. 초보의 단계가 밑바탕을 넓고 튼튼하게 만드는 과정이라면 중수의 단계는 이제 자신만의 뾰족함을 만드는 단계입니다. 밑바탕을 넓고 튼튼하게 만드는 과정은 일상에서 경험하는 일로 대신할 수 있습니다.

무슨 일의 고수를 한번 떠올려 봅니다. 고수라고 하더라도 모든 것에서 최고인 고수는 없다는 것을 알 수 있습니다. 고수라고 하면 기본적으로 누구나 인정할 만한 뚜렷한 자신만의 강점이 있습니다. 당연히 하나를 깊게 팠다면 다른 분야에서는 그 분야의 고수보다는 덜 깊이가 있는 것이 정상입니다. 따라서 중수 단계에서는 어떤 분야를 더 깊게 파서 나만의 뚜렷한 장점으로 만들 것인지를 결정하는 것이 중요합니다.

전체적으로 조금씩 알지만 한 가지는 내가 확실히 아는 것, 잘하는 것이 있어야 한다는 뜻입니다.

세계 피겨 무대를 제패한 김연아 선수의 스케이팅을 생각해 보면 그녀의 스케이팅은 우아하고 아름답습니다. 기본적인 스케이팅 실력이야 말할 것도 없고 관객들이 감동하는 연기력까지 좋습니다. 뛰어난 스케이팅 실력에 강한 멘탈까지 갖추고 있어서 위기 극

복과 회복 탄력성이 뛰어납니다.

2010년 벤쿠버 동계 올림픽에서 김연아 선수는 경쟁자인 아사다 마오 선수 바로 뒤에 연기를 시작합니다. 아사다 마오 선수가 최고점을 받은 뒤라 부담이 될만도 한데 개의치 않고 최고의 연기를 펼치고 우승을 차지합니다.

김연아 선수를 대표하는 기술은 '트리플 러츠'입니다. 아사다 마오 선수가 '트리플 액셀'이라는 고난도의 기술로 김연아 선수를 이기고자 했으나 결국은 넘지 못했습니다. 김연아 선수도 한때 '트리플 액셀'을 연습했습니다. 하지만 오래지 않아 '트리플 액셀'의 성공확률과 완성도를 높이기 어렵다고 판단하고 자신이 잘 할 수 있는 기술의 완성도를 높이고 연기력을 향상하는 방향에 집중했습니다. 그리고 그녀를 최고의 자리에 오르게 한 것은 결국 그녀가 뾰족하게 갈고닦은 '트리플 러츠'와 '연기력'이었습니다.

넓은 분야에 대해 아는 사람을 제너럴리스트라고 한다면 한 가지 분야에 대해 깊이 있는 전문가는 스페셜리스트라고 합니다. 초보는 제너럴 리스트의 방향으로 학습하고 경험을 넓혀 간다면 중수 이후는 스페셜리스트의 방향으로 한 분야를 집중적으로 파야 합니다. 알파벳으로 표현하면 넓이에 깊이를 더한 'T'자형 고수가 되어야 한다는 뜻입니다.

중수 단계에서는 이미 기본적인 마케팅에 대한 이해 그리고 현실적인 실무에 대한 지식과 경험이 어느 정도 갖춰져 있습니다. 그래서 고수가 되기 위해서는 좀 더 깊이 있는 학습과 배움이 필요합니다. 눈앞의 현상을 이해하는 것을 넘어 눈에 보이지 않는 원인을 이해하는 것을 목표로 해야 합니다.

특히 관심을 가져야 하는 부분은 '사람에 대해 넓고 깊은 이해'라고 할 수 있습니다. 제품을 만드는 것도, 시장(market)을 만드는 것도 결국 사람입니다. 마케팅이 사람을 대상으로 하는 것인 만큼 사람에 대한 이해가 가장 중요합니다.

중수는 숲을 보고 어디 길로 갈 것인지를 파악하는 것을 배워야 합니다. 들어오는 길도 나가는 길도 다양한 숲에서 길을 선택하고 더 깊이 들어가야 합니다. 중수의 마케팅 레벨업을 위한 배움의 순서는 다음과 같은 과정을 따르는 것을 추천합니다.

1. 고수의 강점과 약점 파악하기

: 내가 뾰족하게 만들 분야의 고수 벤치마킹 하기, 고수의 강점이 무엇인지와 약점이 무엇인지를 파악하고 나에게 어떻게 적용할지를 고민하기

: 고수가 자신의 분야에서 가장 강조하거나 반복하는 말이 무엇인지 이해하고 배우기

2. 깊이 파고들기

: 현재 하는 일에서 전문가 수준에 도달하기, 누가 물어도 내 분야에서는 내가 답을 알고 있다는 자신감 채우기

: 내 분야에서 다양한 책, 연구 논문, 전문가 칼럼 등을 정기적

으로 읽고 배우며 생각의 깊이를 더하기

: 일상에서 사람 관찰하기, 누가 왜, 무엇을, 어떻게 행동하는지 살피기, 왜 구매하는지 구매하지 않는지를 이해해 보기

3. 아는 것을 공유하고 가르쳐 보기

: 자신의 지식과 경험에 대해 피드백을 받아 보기

: 초보를 대상으로 블로그, 인스타그램, 유튜브, 커뮤니티 등에 글 또는 영상을 가르치거나 올리면서 다양한 관점과 피드백을 받아서 부족함을 알고 채울점을 배우기

사람에 대한 이해가 가장 관심을 가져야 하는 부분이라고 했습니다. 사람에 대한 이해는 심리학, 행동 경제학, 인문학, 뇌과학, 인문학 등에 대한 폭넓은 배움이 있어야 합니다. 사람에 대해 배운 것을 실무에서 활용할 줄 알아야 합니다. 사람에 대한 이해는 마케팅 기획, 컨셉, 아이디어 분야에서 특히 도움이 됩니다. 일상의 글쓰기와 대화 등에도 도움이 됩니다.

어떤 건물을 세울 때 기초가 튼튼하지 않다면 건물의 붕괴 위험이 있다는 건 누구나 알 수 있는 상식입니다. 마케팅도 마찬가지입니다. 처음에 기초를 튼튼하게 하지 않으면 결국에는 기초의 부실함 때문에 전체적인 마케팅의 방향이나 기획이나 모든 것들에서 문제가 발생될 수 있기 때문입니다.

중수 단계에서는 필요한 것을 한 가지 더 이야기하면 자기 객

관화입니다. 앞서 중수 단계는 이제 뭘 좀 아는 단계라고 했습니다. 뭘 좀 아는 단계에서 빠질 수 있는 함정은 '확증 편향'입니다. 바꿔 말하면 듣고 싶은 것만 듣고, 보고 싶은 것만 보는 것입니다. 자신이 어느 정도 알고 있다고 생각하기 때문에 자신의 지식과 경험이 정답이라는 오류를 범할 수 있다는 뜻입니다. 그래서 중수에서 고수로 가는 길에 꼭 필요한 것이 '자기 객관화'입니다.

고수는 '메타인지'가 뛰어납니다. 자기가 아는 것이 무엇이고 모르는 것이 무엇인지를 잘 알고 있다는 뜻입니다. 사람이라면 누구나 피할 수 없는 편향에 빠질 때가 있지만 내 생각과 행동이 편향의 결과라는 것을 아는 것이 중요합니다. 그렇지 않으면 매번 잘못된 판단을 할 수 있기 때문입니다. 고수와 중수를 가르는 결정적 차이 중 하나가 바로 '판단의 적절성'이라고 할 수 있습니다. 적절한 타이밍에 적절한 결정을 내릴 수 있느냐 하는 것입니다.

자기 객관화를 잘하고 메타 인지를 높이기 위해서는 앞서 말씀드린 '사람에 대한 이해'가 전제되어야 합니다. 그리고 나와 다른 생각을 받아들일 수 있는 피드백의 기회와 그것을 이해해 보려고 노력하는 자세가 필요합니다. 그래서 중수의 마케팅 레벨업을 위한 학습과정에 '다른 사람에게 피드백 받기'가 필요합니다.

그동안 내가 해온 방식이 성공적이었다고 하더라도 더 좋은 다른 방식은 없는지, 만약 있다면 그것을 인정하고 받아들여서 내가 활용할 수 있는 방법을 고민하는 것이 현명합니다. 누구의 방식이 옳고 그름을 따지고 있는 것은 시간 낭비일 뿐이고 자신에게 도움이 되지 않습니다.

　그리고 '지식의 저주'에 빠져 있지는 않은지 스스로를 점검해 봐야 합니다. 무엇인가를 알게 되면 그것을 모르는 상태가 어떤 것인지 상상하기 어렵게 됩니다. 이것을 지식의 저주라고 합니다. 바꿔 말하면 '개구리 올챙이 적 생각 못 한다'라고도 할 수 있습니다. 지식의 저주에 빠지게 되면 자신이 초보 시절에 무엇 때문에 힘들었고 답답했는지를 잊거나, 나의 잠재 고객이 무엇을 원하는지를 자신의 현재 수준에서 생각하게 됩니다. 상대방이 이해하지 못하거나 내 생각대로 행동하지 않을 때 그것을 상대방의 탓으로 여기게 됩니다. 그렇게 되면 마케팅은 결국 상대방이 아닌 나를 위한 마케팅을 하는 것이나 다름없습니다.

　중수 단계에서는 '왜?'라는 질문을 항상 생각하고 자신에게 반문해야 합니다. 자기 일과 생각에 대해 반복되는 '왜'라는 질문이 자기 객관화에 큰 도움이 될 것입니다.

　'사람에 대한 이해', '메타 인지', '지식의 저주'를 중수 단계에서는 잘 이해하고 활용할 줄 알아야 합니다. 중수 단계에서 도움이 될 책을 추천해 드립니다.

1단계 : 사람 이해

　(1) 고객의 80%는 비싸도 구매한다 : 무라마츠 다츠오

　(2) 뇌, 욕망의 비밀을 풀다 : 한스-게오르크 호이젤

(3) 상식 밖의 경제학 : 댄 애리얼리

(4) 생각에 관한 생각 : 대니얼 카너먼

(5) 설득의 심리학 1~3

: 로버트 치알디니, 노아 골드스타인, 스티브 마틴

(6) 소비의 심리학 : 로버트 B. 세틀, 패멀라 L. 알렉

(7) 심리학으로 팔아라 : 드루 에릭 휘트먼

(8) 파는 것이 인간이다 : 다니엘 핑크

(9) 행동경제학 : 리처드 탈러

(10) 사회심리학

: 로버트 치알디니, 더글러스 켄릭, 스티븐 뉴버그

2단계 : 개념 이해

(1) 내 생각과 관점을 수익화하는 퍼스널 브랜딩

: 촉촉한마케터(조한솔)

(2) 논백 경쟁 전략 : 신병철

(3) 모든 비즈니스는 브랜딩이다 : 홍성태

(4) 무기가 되는 스토리 : 도널드 밀러

(5) 마케팅이다 : 세스 고딘

(6) 스토리의 과학 : 킨드라 홀

(7) 어느 날 대표님이 우리도 브랜딩 좀 해보자고 말했다

: 박창선

(8) 우리는 왜 본질을 잊는가 : 세키노 요시키

(9) 일인 회사의 일일 생존 습관 : 우현수

(10) 관점을 디자인하라 : 박용후

3단계 : 가설 검증

(1) 마케팅 설계자 : 러셀 브런슨

(2) 그로스 해킹 : 라이언 홀리데이

(3) 기획의 정석 : 박신영

(4) 결국, 컨셉 : 김동욱

(5) 고객을 불러오는 10억짜리 세일즈 레터 & 카피라이팅

: 댄 S. 케네디

(6) 관계우선의 법칙 : 빌 비숍

(7) 선택 설계 마케팅 : 유태영

(8) 컨테이저스 전략적 입소문 : 조나 버거

(9) 큰돈 버는 기회는 모두가 어렵다고 할 때 찾아온다

: 간다 마사노리, 히라 히데노부

(10) 다 팔아버리는 백억짜리 카피 대전 : 오하시 가즈요시

초보와 고수가 읽으면 마케팅 레벨업에 도움이 되는 책들은 필자가 운영하는 마케팅블록시스템(www.marblsystem.com)에서 확인 가능합니다.

◈ 고수의 레벨업

마케팅 레벨	레벨업 방향	레벨업 방법	학습 분야
고수	생산과 공유 후임 양성 퍼스널 브랜딩	출판, 기고, 강의 등 콘텐츠 생산 소셜미디어 활용	초보, 중수의 문제해결 방법

고수는 자신에 대한 객관화가 유지되는 단계입니다. 바꿔 말하면 자신이 무엇을 알고 있고 모르고 있는지를 알고 있다는 뜻입니다. 자신의 분야에서 이룬 성과를 다른 사람들로부터 인정을 받는 사람입니다. 초보와 중수로부터 가르침의 요청을 받습니다.

기업에서는 자신의 분야에 대한 결정권자의 위치에 있으며 학계에서는 학생을 가르치는 위치에 있는 경우가 많습니다.

고수의 단계에서 레벨업은 자신의 지식과 경험을 나눔으로써 가능합니다. 초보와 중수는 자신이 겪고 있는 문제의 해결책을 이미 그 과정을 겪은 고수로부터 배우게 됩니다. 고수는 자신이 거쳐온 과정에서 배운 것과 깨달은 것을 초보와 중수에게 공유합니다. 상호간의 지식과 경험의 전달 과정을 통해 고수는 지식의 저주에서 벗어나 자신이 무엇을 더 알아야 하고 무엇을 더 가르치고 공유해야 하는지를 깨닫게 됩니다.

간단히 생각하면 우리가 고수라고 생각하는 누군가도 다른 고수에게 배운 사람입니다. 바꿔 말하면 고수는 자신이 배운 것을 다음 고수가 될 사람에게 전달하는 과정에 있다고 할 수 있습니다. 초보와 중수는 아직 지식과 경험의 부족으로 배움의 크기가 전달의 크기보다 작습니다. 하지만 고수는 배움의 크기보다 전달의 크기가 더 커야 합니다. 그 과정이 바로 고수가 배우는 과정이기 때문입니다.

자신이 아는 것을 자신만 알고 있는 것은 고수의 배움이 아닙니다. 그래서 책이나 강의 등을 통해 외부로 자신의 지식과 경험을 나누어야 합니다. 고수에게는 무엇을 읽어야 한다는 책 추천은 이미 지난 단계입니다. 고수가 해야 할 일은 다시 자세를 낮추어 초보와 중수의 시선에 맞추는 자세로 돌아가는 것입니다. 자신이 이해하는 어려운 개념이나 용어, 본질과 핵심에 대해 초보와 중수의 눈높이로 풀어서 설명해야 합니다.

가끔 고수들의 책 중에 한글로 쓰여 있어도 무슨 말인지 이해하기 어려운 책이 있습니다. 전문가를 대상으로 한 책이 아니고 마케팅을 배우는 초보와 중수를 대상으로 한 책인데도 전혀 이해할 수가 없습니다. 이것은 고수의 자세가 아닙니다. 자신의 지식을 뽐내기 위함이 아니라면 대상의 눈높이에 맞추어 더욱 친절해야 합니다. 어려운 용어, 복잡한 설명을 한다고 해서 고수로 인정받는 것이 아니기 때문입니다.

무릇 고수라면 어려운 것도 쉽게 설명할 수 있어야 합니다. 프로선수들이 아마추어를 가르쳐 줄 때 흔히 '원 포인트 레슨'이라는 것을 합니다. 한 번 보면 무엇이 문제인지 알고 해결 방법을 가르처 줄 수 있기 때문입니다. 고수의 역할과 배움은 이 과정에서 생깁니다.

따라서 책, 강의 등의 공유 활동뿐만 아니라 소셜미디어를 활용하여 자신의 지식과 경험을 나누고 스스로를 브랜딩할 수 있는 방향으로 가는 것이 고수의 길입니다. 그 길을 보고 뒤따라오는 초보와 중수들이 안전하고 빠르고 쉽게 따라 올 수 있도록 길을 만들어 주는 방법입니다.

만약 이 책을 읽고 있는 고수라면 자신의 지식과 경험에 대해 외부에 공개되는 방법으로 더 많이 쓰고, 더 많이 이야기하고, 더 많이 공유하는 것을 추천해 드립니다.

03

마케팅 레벨업
코스별 플랜

◇◇◇◇◇◇◇◇◇◇◇◇◇◇◇◇◇◇◇◇◇◇◇◇◇◇◇◇◇◇

◈ 마케팅 글쓰기

마케팅의 고수가 되기 위해서는 한 가지 자신만의 뾰족함을 만들어야 한다고 했습니다. 그것을 한글로 표현하면 'ㅗ' 모양이 된다고 했습니다.

자신의 전문 분야가 무엇인지와 별개로 초보부터 고수까지 꼭 갖추어야 하는 능력이 있습니다. 그것은 바로 '글쓰기'입니다. 마케팅을 하는 사람이라면 누구라도 필수로 배워야 합니다. 어떤 마케팅 레벨업 코스를 선택하더라도 글쓰기에 대해 배워야 하는 것은 필수입니다.

우선 마케팅, 광고, 세일즈 관련 글쓰기에 도움이 되는 책을 몇 권 추천드리고 좀 더 말씀드리겠습니다.

(1) 꽂히는 글쓰기 : 조 비테일
(2) 글쓰기 생각쓰기 : 윌리엄 진서
(3) 마케터의 문장 : 가나가와 아키노리
(4) 카피책 : 정철
(5) 카피 쓰는 법 : 이유미
(6) 생각의 쓰임 : 생각노트
(7) 팔지 마라 사게 하라 : 장문정
(8) 세일즈 클로징 : 지그 지글러
(9) 돈이 되는 말의 법칙 : 간다 마사노리
(10) 100만 클릭을 부르는 글쓰기 : 신익수

앞서 레벨에 따른 추천 책에도 포함이 되는 책도 있으니 참고하여 읽어 보시기 바랍니다.

제 개인적으로 책을 읽는 이유와 글쓰기를 해야 하는 이유 중 하나는 '관점을 넓히기' 위함입니다. 책을 읽고 글을 쓰면 생각의 깊이와 넓이를 키워 줍니다. 결국 독서와 글쓰기를 통해 관점을 넓히는 것은 좋은 판단에 도움을 줍니다. 좋은 판단을 할 수 있다는 것은 마케팅에서 성공 확률을 높여 준다는 것이기도 합니다. 마케팅은 제품의 기획, 생산, 유통, 판매, 고객관리에 이르기까지 넓은 범

위의 많은 판단이 필요한 일입니다. 따라서 더 나은 판단을 하는 능력을 기르는 것은 매우 중요한 일입니다.

영화평론가 이동진의 유튜브 라이브 영상 중 구독자 한 명이 이런 질문을 했습니다.

"책과 영화 중 어느 것이 교양을 쌓는 데 더 좋을까요?"

그는 이 질문에 이렇게 대답했습니다.

"당연히 영화도 중요한 교양의 일부이고 영화는 말하자면 술 같은 거구요, 책은 물 같은 거예요. 책은 좋은 의미에서 우리를 차갑게 만들어 주고 영화는 좋은 의미에서 우리를 뜨겁게 만들어 줍니다. 이성은 기본적으로 차가운 거여서 교양에 관한 한 영화는 책을 영원히 따라가지 못합니다. 왜냐하면 이성의 속성 자체가 물 쪽에 가깝기 때문입니다."

독서의 중요성에 대해서는 많은 사람이 강조를 하고 있기 때문에 더 이상 강조하지 않겠습니다.

글씨기의 중요성을 아는 사람도 많고 책이나 강의를 통해 관련된 배움을 하는 사람도 많습니다. 하지만 정작 글을 쓰는 사람은 많지 않습니다. 마케팅 글쓰기는 상대방이 읽는 글쓰기를 말합니다. 누군가를 대상으로, 외부에 공개되는 글쓰기를 말합니다.

중요성도 알고 배우기도 하는데 정작 왜 글쓰기는 많이 하지 않을까요? 크게 세 가지 이유가 있습니다.

첫째, 자기검열입니다.

자신의 눈높이에 자신의 글이 맞지 않는 것입니다. 자기 마음에 안 드는 글을 외부에 공개하고 싶지 않은 것입니다. 자신의 기준에서 더 좋은 글, 잘 쓴 글이라고 하기는 부족함을 느끼기 때문입니다.

둘째, 평가입니다.

자신의 글을 다른 사람이 평가한다는 것에 대한 두려움입니다. 그 글을 누가 썼는지 아는 사람은 소수이고 대상은 누가 글을 쓴 건지 알 수도 없고 관심도 없는데 말입니다

셋째, 실패에 대한 두려움입니다.

마케팅 글쓰기는 목적이 있는 글쓰기입니다. 목표를 달성하는 데 자신의 글쓰기가 도움이 되지 않을 수 있다는 생각이 들기 때문입니다

『무기여 잘 있거라』의 헤밍웨이는 그에게 글쓰기를 배우러 온 사람에게 "모든 초고는 쓰레기다"라며 이렇게 충고했다고 합니다.

"글을 쓰는 데에 기계적인 부분이 많다고 낙담하지 말게. 원래 그런 거야. 누구도 벗어날 수 없어. 나는 『무기여 잘 있거라』의 시작 부분을 적어도 쉰 번은 다시 썼다네. 철저하게 손을 보아야 해. 무얼 쓰든 초고는 일고의 가치도 없어."

그의 말을 바꿔 말하면 훌륭한 글쓰기가 아닌 훌륭한 고쳐 쓰기가 있는 법입니다.

사실 마케팅의 결과물은 근본적으로 글로 이루어져 있습니다.

글이라는 것은 제안서에도 포함이 되고 마케팅 콘텐츠에도 포함이 되고 기획에도 포함되고 영상과 이미지 등 모든 영역의 기본이 되는 수단입니다. 그래서 글쓰기 능력이 없다면 자신의 생각을 제대로 표현하기 어렵다는 뜻이 됩니다. 업무적으로 다른 사람을 상대할 때를 생각해 보면 알 수 있습니다. 글로 된 문서 또는 단순히 이메일이라도 그 형식이 무엇이든 글에서 변형된 형태의 콘텐츠로 의사를 전달하게 됩니다. 만약 말로만 업무를 진행한다고 상상해 보면 얼마나 문제가 많이 생길지 쉽게 예상이 됩니다.

결국 글쓰기 능력이라는 것은 모든 마케팅 활동의 기본이 되는 것이라고 할 수 있습니다.

"말로만 하지 말고 써서 주거나 그려서 보여 줘."

마케팅 업무 현장에서 쉽게 나누는 표현입니다. 그러므로 자신의 생각과 말을 얼마나 글로 잘 표현할 수 있는지 자체가 굉장히 커다란 의사 결정을 하는 데 있어서 중요한 능력입니다.

글쓰기는 그럼 무엇으로 배울 수 있을까요?

기본적으로 마케팅에서 글쓰기 능력이라 함은 소설이나 시와 같은 인문학적 글쓰기와는 다른 부분입니다. 일반적으로 소비자 누군가를 설득하는 과정에서의 글쓰기가 가장 많이 이루어지기 때문입니다. 상품을 소개하고 판매하는 것도 마찬가지이고 클라이언트를 상대하거나 내부 직원들을 상대할 때도 같습니다. 자기 의사를 표현해서 상대방을 설득하는 과정이 마케팅 글쓰기입니다.

마케팅 글쓰기에는 목적에 따른 형식이 존재합니다.

예를 들면, 보통 우리가 이야기의 구조라고 하는 서론, 본론, 결론과 비슷합니다. 형식을 배우고 반복된 글쓰기 능력 향상을 통해 글의 수준과 효과를 높이는 것이 필요합니다.

조 비테일의 『꽂히는 글쓰기』에서 소개하는, 사람의 행동을 유발하는 글쓰기에 대해 소개드립니다.

사람들의 행동을 유발시키는 데는 두 가지 방식이 존재한다. 하나는 '고통'이고 다른 하나는 '기쁨'이다. 고통과 기쁨은 인간의 행동을 유발하는 주요한 동기이다.

이 공식의 유래는 약 2500년 전인 고대 그리스 시대로 거슬러 올라간다. 아리스토텔레스는 다음과 같은 공식을 제시했다.

1. 서론 : 충격적인 진술을 하거나 관심을 유도하는 일화를 이야기한다.

2. 서술 : 독자나 청자가 가지고 있는 문제를 제기한다.

3. 확증 : 문제에 대한 해법을 제공한다.

4. 결론 : 해법을 이끄는 행위의 장점을 진술한다.

또 이유미의 『카피 쓰는 법』에서 이야기하는 다른 형식을 소개 드립니다.

세일즈 카피에서 계기를 만드는 세 가지

- 고객에게 제품이 필요한 상황을 제시한다.

- 제품이 고객의 어떤 문제를 해결해 줄 수 있는지 설명한다.

- 제품이 고객의 일상에 들어갔을 때의 모습을 미리 보여 준다.

사소한 것을 써야 합니다. 그래야 더 많은 사람들이 공감하거든요.

이처럼 마케팅, 세일즈, 광고 글쓰기에는 고객에 대한 공감, 감정 그리고 문제 해결방법, 행동을 유도하는 요청 등 일정의 형식이 있습니다. 어느 마케팅 글쓰기 책을 보아도 좀 더 세분화되고 자세한 설명이 있을 수 있지만, 결국은 위의 두 가지 예시를 크게 벗어나는 경우는 많지 않습니다.

아주 간단한 예로 위의 형식을 활용하여 상품을 판매하기 위한 상세페이지를 하나 만든다고 해보겠습니다. 상세페이지를 하나 만든다고 했을 때도 기본적인 형식이 존재합니다.

첫 번째는 고객이 겪고 있고 해결하고 싶은 문제에 대한 공감에 대한 부분을 넣습니다. 그리고 그것이 해결되었을 때에 기대감을 강조하는 부분을 넣습니다. 그리고 그다음은 내가 제안하는 제안이나 방법, 상품이 왜 해결책이 될 수 있는지에 대한 근거들을 보여 줍니다. 실험의 결과, 논문, 추천 등이 될 수 있습니다. 또한 고객의 미래가 상상되는 후기를 보여 주는 사회적 증거도 큰 영향을 미칩니다. 마지막에는 지금 당장 행동해야 할 이유에 대해서 이야기를 합니다. 예를 들면 특별 할인, 추가 선물, 한정 판매 등이 될 수 있습니다.

광고나 마케팅 콘텐츠를 노출하는 다양한 매체에도 마찬가지입니다. 짧은 글에도 기본적인 구조와 형식이 존재합니다. 그리고 그 형식을 자세히 들여다보면 사람들이 그것을 이해하거나 인식하기 쉬운 방법으로 되어 있습니다. 결국 앞서 말씀드렸던 사람에 대한 이해가 글쓰기에서도 당연히 적용되는 것입니다. 글쓰기도 대상이 누구냐가 그 시작이기 때문입니다.

만약 누군가 "마케팅을 잘하기 위해서 꼭 배워야 할 두 가지가 무엇인가요?"라고 묻는다면 저는 "사람 이해, 글쓰기"라고 답을 하겠습니다.

마케팅에 필요한 글쓰기를 잘하려면 어떻게 해야 할까요?

첫 번째로는 잘 쓴 것을 따라 쓰는 것입니다.

제가 들었던 빈센트 반 고흐의 일화 중 하나를 소개해 드립니다. 고흐의 작품 중 초창기 작품은 대부분 당대의 유명 화가들의 그림을 보고 따라 그리는 것이었습니다. 어느 날 그의 친구가 편지로 그림 작업은 잘되고 있냐고 물었습니다. 고흐는 잘하고 있는지는 모르겠지만 계속하고 있다고 답했습니다. 당시에 빈센트 반 고흐가 지금처럼 유명하거나 대가가 아닌, 즉 초보 시절에는 그도 그가 잘하는 건지 아닌지 판단할 수 없는 수준에서 그저 대가들의 그림을 보고 배우며 열심히 그렸을 뿐입니다.

열심히 그리는 양적인 것을 많이 하다 보면, 자신의 색깔이 나오고 생각이 정리됩니다. 자신의 생각이 나오고 생각이 정리된다는 것은 무엇을 하고 있는지 무엇을 해야 할지를 알게 된다는 뜻입니다. 그러면 자신만의 글을 잘 쓸 수 있게 됩니다.

두 번째는 타깃을 잘 이해하는 것입니다.

타깃이 어딘지 모르고 화살을 쏘는 것은 아무리 화살이 많다 하더라도 결코 좋은 방법이 될 수 없습니다. 특히 마케팅은 비용이 드는 일입니다. 화살 하나하나가 마케팅 예산이라고 생각을 하면 타깃이 어디인지도 모르고 화살을 쉽게 쏠 수가 있을까요?

예를 들면, 우리가 생일 선물을 준비해야 하는데 정작 누구의 생일인지를 모른다면 생일 선물을 제대로 준비할 수 있을까요? 마케팅 글쓰기를 잘하기 위해서는 어떤 형식의 글이 되든 그 글을 보는 사람이 누구인지를 잘 이해하고 있어야 합니다.

영상의 대본도 글입니다. 이미지의 카피도 글입니다. 콘텐츠의 형식 그 자체가 글이 아니라고 하더라도 마케팅의 결과물은 그 대상이 누구인가를 얼마나 잘 이해하고 있느냐에 따라 결과가 달라질 수 있습니다.

마케팅 글을 잘 쓰기 위해서는 우리가 준비한 상품이나 서비스를 사용할 대상이 누구인지에 대한 이해가 선행되어야 합니다. 그렇지 않은 마케팅 글쓰기는 앞서 말씀드린 것처럼 의미 없는 화살들을 날리는 것과 차이가 없고 제대로 된 성과를 만들 수도 없습니다.

마케팅 글쓰기를 잘하고 싶다면 첫째, 좋은 글(내가 설득되는 글, 잠재 고객이 좋아하는 글, 목적에 충실한 글)을 양적으로 많이 따라 쓰는 것 둘째, 내가 글을 쓰기 전에 우선 대상이 누구인지를(누구, 어떤 문제, 왜 등) 깊이 이해하는 것. 이 두 가지가 가장 중요합니다. 이것을 반복하면 분명 지금보다 마케팅, 세일즈, 광고 관련 글쓰기는 나아질 수밖에 없습니다.

◈ 마케팅 코스별 플랜

마케팅에서 자신만의 전문 분야를 뾰족하게 세우기 위해서는 여러 마케팅의 실무 분야에서 선택이 필요할 수 있습니다. 예를 들면 마케팅 기획, 소셜미디어 마케팅, 콘텐츠 제작, 마케팅 자동화 등입니다.

어느 분야를 선택하더라도 '마케팅'에 속하는 것이기 때문에 앞서 말씀드린 사람 이해, 개념 이해, 가설 검증의 단계를 거쳐야만 레벨업이 가능하다는 것은 공통된 내용입니다. 그럼에도 불구하고 요즘처럼 다양하고 세분화된 마케팅 실무 분야에서 한 가지 분야를 특출 나게 레벨업하는 것도 필요하다고 생각합니다.

제가 생각하는 최근 관심이 많은 마케팅 실무 분야별 학습 코스와 내용을 소개드립니다.

각 실무 분야별 기본적인 학습 코스를 말씀드렸지만 실제 현업에서는 위에서 말씀드린 내용들만으로도 알아야 할 것도 많고 이외에도 더 많은 내용을 알아야 합니다. 그렇기 때문에 초보에서 중수, 중수에서 고수로의 레벨업은 최소 수년 이상의 물리적인 시간이 필요합니다. 시간이 지나고 경험을 통해서만 배울 수 있는 것이 있기 때문입니다.

책이나 강의, 멘토를 통해서 일정 시간을 단축할 수는 있지만,

구분	마케팅 기획자	소셜미디어 마케팅	커머스 마케팅	검색포털 마케팅	오프라인 마케팅
공통 사항	사람 이해 : 타깃 분석, 심리학, 행동경제학, 뇌과학 등 개념 이해 : 마케팅 정의, 개념, 시장 분석, 비즈니스 구조와 단계, 예산 등 가설 검증 : 문서 작성, 카피라이팅, 제품 제작, 데이터 이해, 관련 법령 등				
기본 학습 코스	- 컨셉 - 아이디어 발상법 - 브랜딩 전반 - 광고 전반 - 프라이싱 - 세일즈 - 프리젠테이션 - 기획서	- 미디어별 사용법과 활용법 - 미디어별 사용자 분석 - 콘텐츠 제작 - 브랜딩 - 광고 - 알고리즘	- 커머스 사용법과 활용법 - 시장, 경쟁사, 상품 분석 - 세일즈 - 프라이싱 - 카피라이팅 - 콘텐츠 제작	- 검색 포털 제공 서비스의 사용법, 이해 - 알고리즘 - 이용자 분석 - 카피라이팅 - 콘텐츠 제작	- 오프라인 미디어 - 행사 전반 - 에이전시 - 제작물 - 프로모션 - 경품 - 카피라이팅 - 광고

결국은 자신이 직접 경험해야 하는 필수적인 시간이 필요하다는 의미입니다. 자신이 알지도 못하고 해보지도 않은 것을 다른 사람을 대상으로 마케팅을 할 수 없는 노릇입니다.

개인적으로 제가 알지 못하고 하지 못한다고 생각하는 분야 중 하나는 'VVIP 마케팅'입니다. 예를 들면 백화점이나 카드사에서 최고 등급의 고객들을 대상으로 하는 마케팅은 제가 알지 못하고 하지 못하는 영역입니다.

과거에 해외 유명 자동차 브랜드의 마케팅 제안에 참여 요청을 받았습니다. 결과적으로 제가 낸 마케팅 아이디어들은 단 한 개도 채택되지 못했습니다. 제가 조사하고 공부해서 알 수 있는 것과 VVIP들의 세계는 천지차이였습니다. 바꿔 말하면 VVIP의 세계를 경험하지 못했고 이해하지 못하니 제대로 된 마케팅 아이디어를 낼 수가 없었습니다.

다양한 실무 분야에서 레벨업을 하고 싶다면 각각의 분야에서 기본이 되는 것을 배워야 합니다. 또한 비즈니스 카테고리를 구분했을 때도 해당 비즈니스에 대해 깊은 이해가 필요합니다. 마치 제가 VVIP를 이해하지 못했던 것처럼 내가 속한 비즈니스 분야에 대해 이해가 부족하면 제대로 된 마케팅을 할 수 없습니다.

예를 들면 전문직 대상의 마케팅도 다양합니다. 예를 들면 병의원, 법조인과 같은 분야가 있을 수 있습니다. 또는 여성을 대상으로 하는 비즈니스라도 패션, 뷰티, 생활용품 등 그 분야는 정말 다양하고 많습니다.

따라서 한 가지 분야의 기술만을 알고 있다고 해서 마케팅 레벨업이 되는 것이 아니라는 것을 이해해야 합니다. 기본적으로 마케팅에 대한 전반적인 지식과 경험을 쌓으면서 자신의 필살기를 갈고닦고 그와 동시에 자신이 속한 비즈니스 분야에 대한 깊이 있는 이해가 동반되어야 합니다.

쉬운 예로 내가 인스타그램을 잘 사용할 줄 알고 몇 번의 소상공인 대상 인스타그램 마케팅 프로젝트를 성공적으로 진행했다고 하더라도 갑자기 대기업 브랜드의 생활가전 마케팅을 잘할 수 있다는 뜻은 아닙니다. 간단하게는 대기업의 업무 프로세스를 이해하는 것부터 해당 브랜드를 이해하는 것, 소비자와 경쟁사에 대한 분석을 할 줄 알아야 합니다. 또한 모든 것은 문서로 작성할 수 있어야 합니다.

작은 규모의 프로젝트를 성공적으로 수행했다는 것으로 마치 모든 분야의 마케팅 고수라도 된 것처럼 광고를 하는 경우를 본 적이 있습니다. 자신이 무엇을 아는지 모르는지, 잘할 수 있는지 없는지도 판단하지 못하고 있다는 뜻과 다름없습니다.

다시 한 번 강조해서 말씀드리지만

"마케팅은 검색포털도 아니고 인스타그램도 아닙니다."

쉽게 말씀드리면 마케팅은

"내 상품과 서비스로 고객의 문제를 해결하는 데 필요한 모든 과정"입니다. 마케팅이 요리라면 소셜미디어 등은 도구입니다. 젓가락과 숟가락을 요리라고 하지 않는 것과 마찬가지입니다.

04

하루 10분
마케팅 습관 만들기

하루 10분이면 한 달에 5시간, 1년이면 60시간에 해당됩니다. 무엇을 하더라도 일정 수준의 지식과 경험을 쌓기에 충분한 시간이라고 생각합니다.

하루 10분을 기준으로 독서를 통해 마케팅에 대해 알아야 할 기본적인 내용들로 구성한 학습 플랜을 짜는 방법을 소개드립니다.

우선 전제 조건이 세 가지가 있습니다.

첫째, 반드시 매일 일정 시간을 학습 시간으로 확보할 것
둘째, 자신의 수준과 분야에 맞는 책으로 시작할 것

셋째, 책에서 읽은 것은 반드시 실행해 볼 것

혼자서 실행이 힘들다면 독서클럽, 커뮤니티 등에서 여러 사람들과 함께 하는 것을 추천드립니다. 특히 비용을 내거나 마감 시간이 있는 등의 참여 조건이 있다면 더욱 좋습니다.

기간	하루	3개월	6개월	1년
학습 목표	– 일일 학습 기록	– 마케팅 개념이해 – 심리학, 행동경제학		– 마케팅 성과
학습 내용	– 일일 학습량 설정 – 학습 후 핵심 요약(노트, 앱) – 주 단위 학습내용 외부 공개(블로그 등)	– 월/분기/반기 학습 목표와 진도 체크 – 레벨과 분야에 따른 추천 도서 – 한 권의 책에서 한 문장 실행하기 – 진행 과정과 결과 외부 공개 (블로그 등)		– 마케팅 진행 과정과 성과 후기 – 독서 후기, 추천 – 학습 과정을 실행에 옮긴 노하우 공유
학습 분량	– 5~10 page	– 3권~5권	– 6권~10권	– 12권~20권

하루 10분으로 시작한 마케팅 습관은 익숙해질수록 시간의 활용법을 알게 되고 독서의 양이 늘어나면 이해의 수준도 높아집니다. 따라서 처음에는 책을 한 권 읽고 실행에 옮기는 데 한 달이 넘게 걸렸다면 이후부터는 점점 그 시간이 짧아지게 됩니다.

바꿔 말하면 하루 10분으로 무슨 일을 할 수 있을까라는 처음의 의문은 시간이 갈수록 하루 10분으로 많은 것을 할 수 있구나라는 확신으로 바뀌게 됩니다.

학습을 진행할 때는 다음 주 다음 달 계획이 아닌 오늘 당장의 계획에 집중하는 것이 중요합니다. 진도가 목적이 아니라 습관을 만드는 것이 목적입니다.

하루에 읽은 것은 자신이 가장 이용하기 쉬운 방법으로 메모를 합니다. 독서노트, 메모앱 등 어디라도 좋습니다. 계속 누적될 수 있는 공간이라면 일단 메모를 합니다. 1주가 되면 메모했던 것을 공유합니다. 블로그, 인스타그램 어디든 좋습니다. 학습의 과정을 공유하면서 스스로에 대한 신뢰와 동기가 점점 강해집니다. 이렇게 최소 30일 이상을 유지해야 합니다.

하루 10분씩만 했는데 1개월이 지나면 어느새 책 한 권은 읽게 됩니다. 이제 두 번째 책부터는 조금씩 속도가 느는 것을 느낄 수 있습니다. 왜냐하면 비슷한 분야의 비슷한 내용의 책을 읽기 때문에 관련 지식과 이해력이 높아지기 때문입니다. 또한 책을 읽고 메모하고 그것을 실무에 적용하는 생각을 하는 과정이 몸에 배기 시작해서 의식하지 않아도 자연스럽게 행동하기 시작합니다.

하루 10분 마케팅 습관을 만드는 것은 처음 1개월이 가장 중요합니다. 굳은 의지나 열정으로 시작하지 않고 생활 속에서 할 수밖에 없는 아주 간단한 시스템과 환경을 만드는 것이 중요합니다.

어느새 3개월이 지나면 이제는 무엇을 배워야 하는지 스스로 인식하기 시작합니다. 무엇을 알고 모르고를 구별하게 되면 자신이 어디로 가야 할지 방향을 설정할 수 있습니다. 단순히 책만 읽는 것이 아니라 읽고 배운 것을 직접 실행에 옮기기 때문에 가능합니다.

6개월이 지나면 다른 사람에게 방법을 공유하고 싶어지고 그러지 않아도 누군가가 가르쳐 달라고 하는 순간이 생깁니다. 왜냐하면 내가 조금씩 달라지는 것은 나는 잘 못 느낄 수 있지만 평소에 자주 접하는 사람들은 그 변화를 눈치채게 됩니다. 생각하는 것이 달라지고 말하는 것과 업무를 하는 것이 달라지기 때문입니다.

1년이 되면 이제 한 단계 레벨업이 되었습니다. 물론 초보에서 중수로 바로 레벨업이 되는 것은 아닙니다. 1층에서 2층을 올라가려면 계단 한 개만 올라서는 안 됩니다. 같은 방법으로 꾸준히 계단을 올라야 합니다. 마케팅 레벨업도 마찬가지입니다. 초보에서 중수, 중수에서 고수로 오르는 계단이 한 개가 아닙니다. 다만 이제 어떻게 계단을 오르는 지 그 방법을 알았기 때문에 이제는 좀 더 빠르게 오를 수가 있게 됩니다.

저의 일반적인 평일 루틴을 참고로 공유드립니다. 지난 1년간 유지된 생활 패턴입니다. 이 패턴을 유지하면서 저의 첫 책 『마케팅 모르고 절대 사업하지 않습니다』를 출간할 수 있는 기회도 생겼고 결과도 만들었습니다. 또한 지금 쓰고 있는 책 역시도 이 생활 패턴 속에서 만들어 낸 결과입니다.

저의 첫 책이 출간되고 지인들이 바쁜 와중에 어떻게 책까지 썼냐고 물었습니다. 바쁜 것을 먼저 하고 나면 시간이 없을 텐데 어떻게 했느냐라는 생각을 하기 때문입니다. 반대로 생각하면 가능합니다. 독서하고 글을 쓰는 시간을 확보해 두고 나머지 시간에 바쁜 일을 처리하면 됩니다.

　　일의 우선순위와 하루 10분 습관의 시스템과 환경을 어떻게 구성하느냐의 문제입니다. 그것만 지킨다면 누구나 마케팅 레벨업이 가능합니다.

06:00 ~ 06:30 : 기상 후 일정 정리

06:30 ~ 08:00 : 일일 마케팅 독서, 마케팅 콘텐츠 제작

08:00 ~ 09:00 : 일일 정기 업무

09:00 ~ 18:00 : 고객 응대, 글쓰기

18:00 ~ 21:00 : 개인 시간

21:00 ~ 22:00 : 독서, 익일 일정 정리

　　저는 아침 시간을 당일의 가장 중요한 업무와 독서에 투자합니다. 아침 시간이 가장 머리 회전도 빠르고 업무 속도도 높기 때문입니다. 그래서 아침에 중요하고 급한 일을 처리하고 나면 오후 시간은 좀 더 유기적으로 상황에 따라 일할 수 있습니다.

　　또한 아침 시간이 중요하기 때문에 가급적 저녁 늦은 시간의 약속은 잡지 않습니다. 잠자리에도 일찍 드는 편입니다. 그래야 내일 아침에 계획된 일을 예정대로 할 수 있기 때문입니다.

　　이동을 해야 할 때는 가방에 꼭 한 권의 책을 가지고 다닙니다. 주로 대중교통을 이용하면서 틈이 날 때 몇 페이지라도 책을 읽고

표시를 합니다. 집에서도 제가 주로 생활하는 공간에 책을 비치해 둡니다. 그러면 눈에 띌 때마다 지난번에 읽던 곳에서 이어서 읽을 수 있습니다.

한 번에 한 권의 독서를 하는 것이 기본적이지만 경우에 따라서 2~3권을 한 번에 읽기도 합니다. 내용이 헷갈릴 수 있을 것 같지만 막상 해보면 전혀 그렇지 않습니다. 오히려 여러 권의 책을 읽으면 책의 내용들이 서로 연결되는 느낌을 받을 수 있습니다. 그런 과정에서 새로운 아이디어가 나오게 됩니다. 예를 들면 A라는 책을 읽다가 B라는 책에서 나온 내용 중 이해가 안 되었던 내용이 이해가 되기도 합니다.

책을 무조건 많이 읽는 것과 정독해서 한 자 한 자 읽는 것은 추천드리지 않습니다. 현재 내가 이해할 수 있는 수준의 책, 내가 하는 일과 연관된 분야의 책을 선정하여 빠르게 훑어 읽기를 추천드립니다. 앞서 말씀드린 111 독서법을 참고하여 필요한 부분을 빠르게 읽고 재독을 하는 과정에서 좀 더 깊게 이해하는 방법을 추천드립니다.

05

마케팅, 브랜딩, 심리학
100권에서 찾은 마케팅 인사이트

15년 이상 광고와 마케팅 분야에서 일을 하고, 직접 비즈니스도 하면서 그동안 읽은 심리학, 마케팅, 브랜딩 등 관련 책이 수백 권이 넘습니다. 출간된 지 수십 년이 지난 마케팅 고전에서부터 가장 최근 출간된 책까지 다양한 책을 읽고 배웠습니다.

이러한 경험을 나누고자 제가 운영하고 있는 '111 마케팅 독서클럽'에서 매월 책을 선정하고 읽으며 실행을 하기도 하고 소셜미디어를 통해서 책의 메시지를 전달하기도 합니다.

그렇게 여러 권의 책을 읽으면서 배운 공통된 인사이트가 바로 사람 이해, 개념 이해, 가설 검증이라는 마케팅 레벨업 3단계입니다.

처음에는 저도 빠른 방법과 기술을 찾느라 시간을 보냈습니다.

하지만 시간이 지나면서 보니, 당시에만 통하는 방법과 기술은 그때뿐이었습니다. 사람들의 관심사가 변하고 기술이 발전할수록 배워야 할 것도 많고, 따라가기 바쁠 때가 있었습니다. 그것을 따라가지 못하면 마치 내가 실력이 없거나 문제가 있는 사람이라는 생각이 들 때도 있습니다.

하지만 지금은 다른 생각을 가지고 있습니다. 결국 변하지 않는 것에 집중하는 것이 오히려 변화의 세상에서 살아남고 자신의 레벨을 올릴 수 있는 방법이라고 생각합니다. 바꿔 말하면 핵심과 본질이라고 할 수 있습니다. 수백, 수천 년 전의 철학자의 말에 여전히 사람들이 공감하고 인사이트를 주는 이유가 결국 변하지 않는 핵심과 본질이기 때문입니다.

마케팅도 마찬가지입니다. 시대가 변하고 기술이 발전해도 사람을 대상으로 하는 것은 변함이 없습니다. 그러니 사람에 대한 이해가 중요합니다. 산업의 발전과 시대에 따라 관점이 달라질 수는 있지만 마케팅이 결국 무엇을 위한 것인지에 대한 핵심과 본질도 변함이 없습니다. 그리고 마케팅은 결국 현실에서 실행되어야 의미 있는 일입니다. 지식만 있고 결과를 만들지 못하는 마케팅은 의미가 없습니다.

요컨대 지금보다 마케팅 실력을 향상하고 싶다면, 잠재 고객이 누구인지를 이해하고 내가 하는 마케팅이 무엇인지 목적을 명확히 하고 아는 것을 직접 실행해서 결과를 만드는 것, 이 세 가지 단계에 필요한 것을 꼭 배워야 합니다.

배워야 할 것도 경험해야 할 것도 많지만 마케팅은 결국 사람 이해, 개념 이해, 가설 검증에 대한 과정입니다.

마케팅이라는
선글라스를 쓰다

◇◇◇◇◇◇◇◇◇◇◇◇◇◇◇◇◇◇◇◇◇◇◇◇

『마케팅 모르고 절대 사업하지 않습니다』 출간 후 지인들에게
자주 들었던 말이 "대단하다, 어떻게 책을 썼어?"였습니다.

그 말을 했던 지인 중 일부는 얼마나 아는 것이 많기에 책을 썼
을까? 하는 뉘앙스의 의미였습니다. 감사한 말씀에도 불구하고 제가
책을 쓰며 느낀 것은 '내가 정말 아는 게 많지 않구나'였습니다.

소크라테스가 "내가 아는 것은 내가 아무것도 모른다는 사실
이다."라고 했다고 합니다. '내가 어디 가서 뭔가를 안다는 말을 쉽
게 할 수 있을까?'라는 생각이 들었습니다. 책을 쓰는 동안 자신의
무지에 좌절하고 고통받았다는 사실을 지인들은 알기 어렵습니다.

마케팅을 지금보다 더 잘하고 다른 사람에게 배운 것을 공유

하는 데 필요한 것은 사람에 대한 다각적인 이해와 다양한 분야의 소양(素養, 평소 닦아 놓은 학문이나 지식)입니다. 왜냐하면 마케팅은 결국 다른 사람의 삶을 더 나은 삶으로 바꿀 수 있는 데 영향을 미치기 때문입니다. 사람의 삶을 구성하는 요소는 단순하지 않습니다. 누군가의 삶을 더 나은 삶으로 바꾸기 위해서는 가장 먼저 그 사람에 대해 잘 알아야 하고 그 사람을 구성하는 다양한 환경에 대해서도 이해해야 하기 때문입니다.

예를 들면 심리학, 철학, 뇌과학, 행동경제학, 예술, 문화, 역사, IT, 경제 등 다방면에 관한 관심과 지식이 종합적으로 어우러질 때 한 단계 더 높고 더 큰 그림의 마케팅을 이해할 수 있고 그것을 다른 사람에게 제대로 전달할 수 있습니다.

누군가 이렇게 물을 수 있습니다.

"어느 세월에 그 많은 걸 공부하고 마케팅을 할 수 있을까요?"

맞는 말씀입니다. 이 모든 걸 배우고 나서 '이제 마케팅 시작해야지' 하는 사람이 누가 있겠습니까.

그런데 말입니다. 제가 말씀드린 심리학, 철학, 문화, IT 등이 지금 이 책을 읽고 있는 분이 이미 배우고 있는 것들이라면 믿을 수 있을까요?

'왜 이걸 이렇게 만들었지? 이렇게 만들면 더 편할 텐데'

'저 광고는 뭐라고 하는 거야. 이해가 안 되네'

'저기 사람들이 많이 모여 있는 걸 보니 뭔가 있나 보다, 나도

가봐야지'

'카카오톡 이렇게 쓰니까 편하네'

'쿠팡은 배송이 빨라서 계속 쓰게 된다니까'

'넷플릭스에서 요새 이 드라마가 인기라던대'

'요즘 학생들은 저런 생각을 하는구나!'

'물가가 많이 올랐네, 편의점에서 1+1 하는 걸로 사야겠다'

우리 일상에서 자주 경험하고 대화하는 내용들입니다. 이 대화 속에는 사람들의 심리, 특정 상품이 잘 팔리는 이유, 마케팅 트렌드, 프로모션 사례, 기술의 활용, 서비스의 차별화 등 앞서 한 단계 더 높고 더 큰 그림의 마케팅에 필요한 모든 것이 담겨 있습니다.

내가 발견하지 못하고 있을 뿐입니다. 그래서 필요한 것은 발견하는 방법입니다.

'핑크킹'이라는 철학 동화에는 분홍색을 정말 좋아하는 임금님이 나옵니다. 지붕, 창문, 담장 등 나라의 모든 것과 비둘기까지 분홍색으로 칠하라고 명령합니다. 신하들은 마을 사람들의 불만에도 불구하고 모든 것을 핑크색으로 칠하기 시작했습니다. 그러나 모든 새를 잡아서 분홍색으로 칠하는 방법도 없고 이러다가 하늘까지 분홍색으로 칠하라고 할 것 같았습니다. 그때 난쟁이가 임금님에게 이렇게 이야기합니다. "생각을 바꾸세요!" 그리고 임금님에게 해결책을 알려 줍니다.

그 해결책은 바로 '분홍 선글라스를 쓰는 것'이었습니다. 임금님이 분홍색 렌즈를 통해 보는 모든 것은 핑크색으로 보였습니다. 사람들도 임금님도 모두 만족할 수 있는 간단한 해결책이었습니다.

모든 마케팅 책을 읽고 강의를 들을 방법은 없습니다. 마케팅을 일상에서도 배우는 가장 좋은 방법은 '마케팅 선글라스를 쓰는 것'입니다. '마케팅 선글라스'는 마케팅 마인드셋(마케팅 퍼스트, 고객 퍼스트, 실행 퍼스트)입니다.

'마케팅 선글라스'를 쓰고 내 일상을 바라보면 누가 내 잠재 고객인지, 잠재 고객이 원하는 것이 무엇인지, 어디서 마케팅을 어떤 방법으로 해야 하는지 등이 눈에 들어오게 됩니다. 일부러 공부하려고 하지 않아도 마케팅 관점으로 볼 수 있습니다.

수백 권의 마케팅, 브랜딩, 심리학 등의 책을 읽고 마케팅 콘텐츠를 만들면서 내가 무엇을 아는지와 모르는지를 알게 된 것이 가장 큰 배움이었습니다. 그리고 사람 이해, 개념 이해, 가설 검증 없이는 마케팅을 잘할 수 없다는 것을 알게 되었습니다.

마케팅을 잘하기 위해서는 사람의 삶을 구성하는 다양한 분야에 대해 잘 알아야 합니다. 그리고 그것의 시작은 사람의 일상을 마케팅 마인드셋으로 바라보는 것입니다.

마케팅 고민 해결과 실력 향상을 하고 싶다면 우선 '마케팅 선글라스'를 쓰십시오. 그리고 보고 느끼고 궁금한 점은 마케팅 책과 강의 등을 보고 들으며 답을 찾아보십시오. 내가 찾은 답을 실제로 해보고 검증해 보십시오. 그러면 자연스럽게 지금 하는 고민

탈출뿐만 아니라 내가 마케팅으로 이루고 싶은 것이 무엇인지를 알고 그 방향을 향해 나아갈 수 있습니다.

　모쪼록 이 책을 통해 자신만의 마케팅 선글라스를 쓰고 하루 10분 마케팅 습관을 만드는 기회가 되길 바랍니다.

항상 저를 믿고 응원해 주시는 다반 출판사의 노승현 대표님에게 감사합니다. 저의 배움을 다른 분들과 나눌 수 있는 기회를 주신 덕분에 이 책이 나올 수 있었습니다.

제가 아는 사람 중 가장 큰 그릇을 가진 크리에이티브, 인터랙티브 웹에이전시 엠펀치의 김효준 대표님, 항상 신뢰하고 함께하고 싶은 영원한 팀원 박진영 님에게 감사드립니다.

실력 있는 광고, 마케팅 크리에이티브 그룹 '놀던스파이, 바나나투나잇' 임직원분들과 최고의 축산물 브랜드를 만들어 가는 '문경약돌축산물명품화협의회' 김민정 국장님, 이미용 과장님 감사드립니다.

소셜미디어에서 제 콘텐츠를 재밌게 봐주시고 저의 활동을 응원해 주시는 모든 분과 전자책 후원자, 독자분에게 감사드립니다. 매일 마케팅 책을 함께 읽고 성장하는 '111마케팅독서클럽' 멤버분들께 감사드립니다.

언제 만나도 반가운 평촌 친구들과 든든한 지원자 이윤나, 현미정 그리고 행복한 추억을 같이 만들어 가는 태을이네 가족, 제인이네 가족에게 감사드립니다.

'농구'라는 스포츠를 함께 즐기며 청춘을 함께 보낸 스위시 선후배와 동기, 장년이 되어 건강과 재미를 함께 나누고 있는 헤이데이 팀원분들에게 감사드립니다.

언제나 제가 하는 일을 지지하고 도움을 아끼지 않는 사랑하는 우리 가족에게 감사드립니다. 김선욱, 김화선, 이기훈, 고귀임 부모님, 김미선 이모님, 김상호, 김주원, 이선미, 이순천, 임용현 형제와 자매 모두 감사드립니다.

이인복, 김동환 오늘도 사랑합니다.
제가 하는 모든 일의 의미입니다.

2023년 겨울의 문턱에서
마케팅코디 흑상어쌤

글 흑상어쌤
발행일 2023년 12월 25일 초판 1쇄
　　　　 2024년　1월　1일 초판 2쇄

발행처 다반
발행인 노승현
책임편집 민이언
출판등록 제2011-08호(2011년 1월 20일)
주소 서울특별시 마포구 양화로81 H스퀘어 320호
전화 02-868-4979 팩스 : 02-868-4978

이메일 davanbook@naver.com
홈페이지 davanbook.modoo.at
블로그 blog.naver.com/davanbook
포스트 post.naver.com/davanbook
인스타그램 @davanbook

ISBN 979-11-85264-81-3 03320